New The 바른 일본어 ① STEP

KB127552

ECK Books

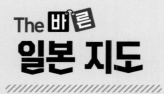

The 바른
일본 지도

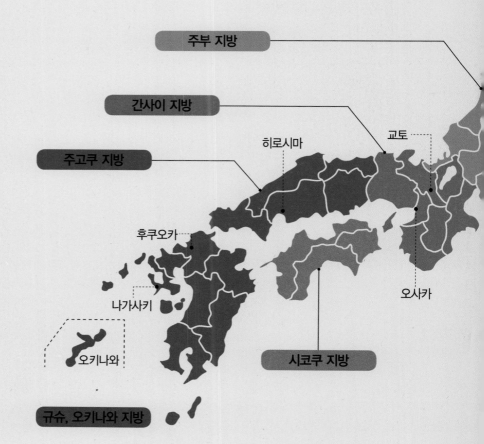

주부 지방

간사이 지방

주고쿠 지방

히로시마

교토

후쿠오카

나가사키

오사카

오키나와

시코쿠 지방

규슈, 오키나와 지방

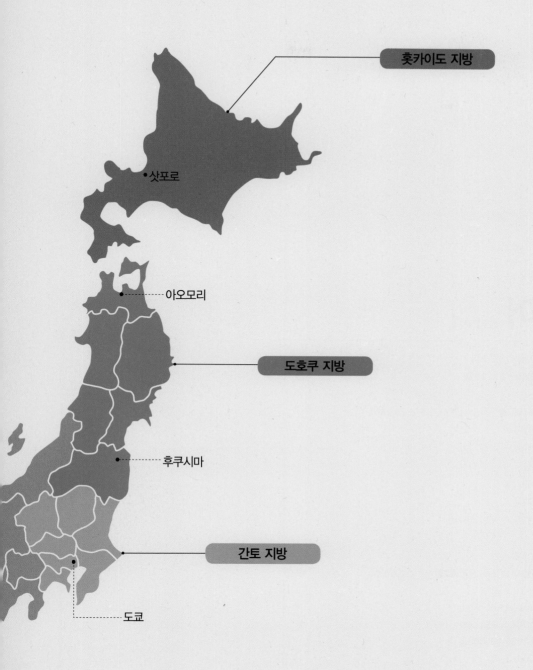

홋카이도 지방

삿포로

아오모리

도호쿠 지방

후쿠시마

간토 지방

도쿄

일본어 STEP 1

초 판 인 쇄	2020년 3월 2일
초 판 2 쇄	2023년 4월 10일

지 은 이	서유리, 장은화, 박은숙, 김귀자, 김순하
펴 낸 이	임승빈
편 집 책 임	정유항, 김하진
편 집 진 행	이승연
디 자 인	다원기획
일 러 스 트	강지혜
마 케 팅	염경용, 이동민, 이서빈

펴 낸 곳	ECK북스
주 소	서울시 마포구 창전로2길 27 [04098]
대 표 전 화	02-733-9950
홈 페 이 지	www.eckbooks.kr
이 메 일	eck@eckedu.com
등 록 번 호	제 2020-000303호
등 록 일 자	2000. 2. 15

I S B N	978-89-92281-92-8
	978-89-92281-93-5 (세트)
정 가	15,000원

New The 바른 일본어 1 STEP

− 서유리, 장은화, 박은숙, 김귀자, 김순하 지음 −

ECK
Books

지은이의 말

여러분은 어떤 이유로 일본어를 접하게 되셨나요? 일본어를 배우고자 하는 동기는 다양하겠지만, 모두 재미있고 쉽게 배우고 싶다는 생각은 같을 것입니다.

일본어는 한국어와 어순이 같아서 진입장벽이 낮은 외국어임에도 불구하고 중국어와 마찬가지로 한자에서 나온 언어로 한자와 일본어를 같이 배워야 한다는 부담감이 클 것입니다.

『New The 바른 일본어 Step1』은 일본어 학습자가 어렵지 않게 한 걸음 다가갈 수 있도록 준비하였습니다.

1. 강의용으로 최적화된 단계별 핵심 표현 수록

전문 강사들의 다년간에 걸친 노하우로, 강의 시 필요한 핵심 표현과 문법만을 쉽고 간략하게 정리하여 구성했습니다.

2. 일상생활에서 접할 수 있는 단어와 문형 수록

일상생활에서 활용할 수 있는 단어들로 자연스러운 대화를 바로 사용할 수 있도록 구성했습니다.

3. 그림을 보며 말하는 연습

그림을 통해 이미지 트레이닝을 하며 일본어를 자연스럽게 받아들일 수 있도록 준비했습니다.

4. 포켓용 워크북

복습하는 데에 도움이 되도록 각 과의 핵심 포인트만을 포켓용 워크북에 별도로 정리했습니다.

현장에서 다양한 학습자들과 만나면서 '어떻게 하면 일본어를 쉽게 가르치고 잘 할 수 있을까?'라는 생각을 꾸준히 해 왔습니다. 가르치는 입장에서 너무 많은 내용을 한꺼번에 전달하기보다는, 문법의 내용은 최소화하고 배운 단어를 반복적으로 노출시켜서 실용적인 표현을 익히는 것, 그리고 일본의 문화에 흥미를 가지도록 구성했습니다.

일본어를 처음 시작하는 학습자들과 '일본인과 바로 소통하는 것'이 목적인 분들에게 본 교재가 쉽고 재미있게 첫걸음을 내디딜 수 있는데 많은 도움이 되기를 바랍니다.

끝으로 본 교재가 완성되기까지 물심양면으로 애써주신 ECK교육 임승빈 대표님과 임직원을 비롯하여 편집에 많은 도움을 주신 이승연 실장님께도 감사 인사를 전합니다. 그리고 이 책이 나오기까지 소중한 의견을 주신 많은 학생 여러분 모두에게도 감사드립니다.

여러분의 일본어 첫걸음을 응원합니다.

저자 일동

이 책의 소개 및 활용법

본책

예비 학습

예비 학습을 통해 일본어의 히라가나와 가타카나를 소개하고 다양한 단어를 활용하여 일본어 발음을 알아봅니다.

히라가나, 가타카나 쓰기 노트

QR 코드를 찍어서
쓰기 노트를 다운로드 받아 보세요.

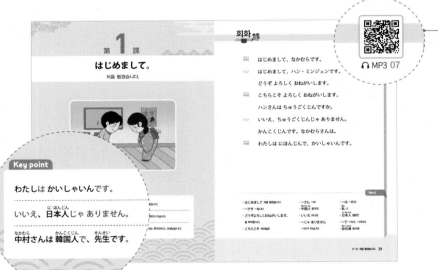

QR 코드를 찍어서
원어민 발음을 익혀 보세요.

Key point

각 과의 핵심이 되는 문장과 주요 문형을 알아봅니다. 복습할 때, Key point만 기억해도 도움이 됩니다.

회화

다양한 주제별 대화문을 통해 기초 생활 표현 및 핵심 표현을 학습합니다.

이것만은 꼭꼭

초급 단계에서 알아야 할 기초 문법과 문형을
간결한 설명과 다양한 예문으로 알아봅니다.

💡 : 문법과 문형이 어렵게 느껴지지 않도록 ─────
간결한 핵심을 제시합니다.

• Word • : 단어와 표현을 반복적으로 제시함으 ─────
로써 단어의 숙지를 자연스럽게 도와
줍니다.

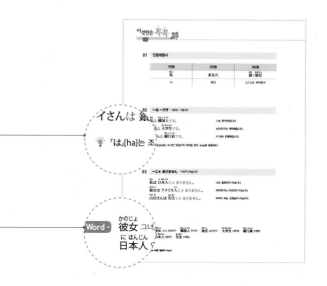

입에 착착, 귀에 쏙쏙

입에 착착

'이것만은 꼭꼭'에서 배운 핵심 표현을
그림과 보기를 활용해서 자유롭게 말
하는 연습을 해봅니다.

**충분한 연습 후, QR 코드로 원어민 발
음을 확인해 보세요.**

귀에 쏙쏙

녹음을 듣고 학습한 단어와 문형, 그림
선택의 문제 풀이로 청취력을 높여 보
세요.

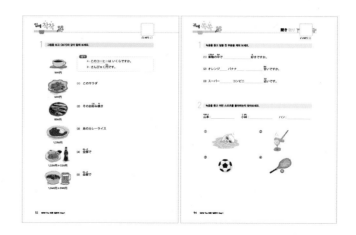

문화/어휘 톡톡

문화 톡톡 : 일본의 식사예절, 공휴일,
다양한 축제 등을 알아봅니다.

어휘 톡톡 : 그림을 활용한 다양한 단
어를 알아보고 회화에서 바로 활용할
수 있는 단어 등을 알아봅니다.

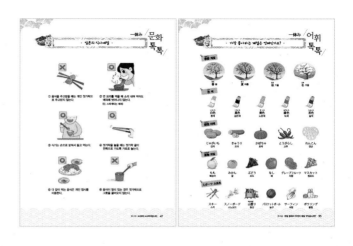

이 책의 소개및 활용법

부록

회화 해석

각 과의 회화문에 대한 해석으로, 해석만을 보고 일본어로 바꾸는 연습도 가능합니다.

정답 및 스크립트

'입에 착착(말하기 연습)'의 스크립트와 '귀에 쏙쏙(듣기 연습)'의 정답과 스크립트를 알아봅니다.

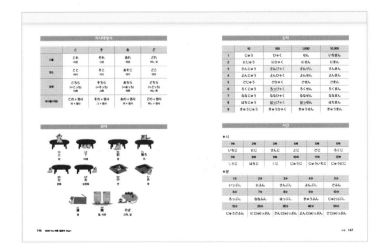

핵심 정리표

각 과에서 학습한 조수사, 지시대명사, 위치, 숫자, 시간, 의문사 등의 핵심 내용과 い형용사, な형용사를 알기 쉽게 간단한 예와 함께 알아봅니다.

워크북

각 과별 '핵심 단어와 표현', '이것만은 꼭꼭'의 주요 문형과 문법을 간편하게 학습할 수 있는 포켓용 워크북을 제공합니다.

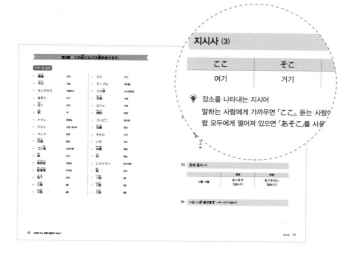

가나 쓰기 연습

'예비 학습'에서 QR 코드를 통해 다운로드 받을 수 있는 '히라가나'와 '가타카나'의 쓰기 노트입니다. 출력해서 숫자 순서대로 정확한 가나 쓰기를 연습해 보세요.

QR 코드로 확인할 수 있는 코너

(1) 히라가나/가타카나 쓰기 연습
(2) 일본어 문자 발음 연습
(3) 회화 녹음
(4) 입에 착착, 귀에 쏙쏙 스크립트

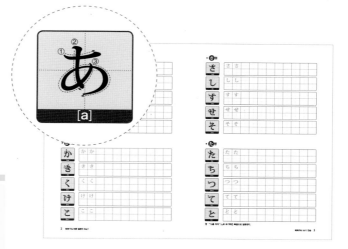

MP3 다운로드 방법

본 교재의 MP3 파일은 www.eckbooks.kr에서 무료로 다운로드 받을 수 있습니다.
QR 코드를 찍으면 다운로드 페이지로 이동합니다.

| Contents |

예|비|학|습

일본어 문자와 발음

일본어 **문자**와 **발음**

일본어 문자는 크게 '히라가나(ひらがな), 가타카나(カタカナ), 한자(漢字)' 세 가지를 쓴다.

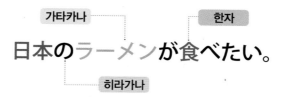

오십음도(五十音図)

쓰기 연습

가나를 5자씩 10행으로 배열한 것으로 현재 사용되는 글자는 50자가 아닌 46자가 사용되고 있다.

• 히라가나(ひらがな)

	あ행	か행	さ행	た행	な행	は행	ま행	や행	ら행	わ행
あ단	あ [a]	か [ka]	さ [sa]	た [ta]	な [na]	は [ha]	ま [ma]	や [ya]	ら [ra]	わ [wa]
い단	い [i]	き [ki]	し [si]	ち [chi]	に [ni]	ひ [hi]	み [mi]		り [ri]	
う단	う [u]	く [ku]	す [su]	つ [tsu]	ぬ [nu]	ふ [hu]	む [mu]	ゆ [yu]	る [ru]	
え단	え [e]	け [ke]	せ [se]	て [te]	ね [ne]	へ [he]	め [me]		れ [re]	
お단	お [o]	こ [ko]	そ [so]	と [to]	の [no]	ほ [ho]	も [mo]	よ [yo]	ろ [ro]	を [o] ん [n]

• 가타카나(カタカナ)

	ア행	カ행	サ행	タ행	ナ행	ハ행	マ행	ヤ행	ラ행	ワ행
ア단	ア [a]	カ [ka]	サ [sa]	タ [ta]	ナ [na]	ハ [ha]	マ [ma]	ヤ [ya]	ラ [ra]	ワ [wa]
イ단	イ [i]	キ [ki]	シ [si]	チ [chi]	ニ [ni]	ヒ [hi]	ミ [mi]		リ [ri]	
ウ단	ウ [u]	ク [ku]	ス [su]	ツ [tsu]	ヌ [nu]	フ [hu]	ム [mu]	ユ [yu]	ル [ru]	
エ단	エ [e]	ケ [ke]	セ [se]	テ [te]	ネ [ne]	ヘ [he]	メ [me]		レ [re]	
オ단	オ [o]	コ [ko]	ソ [so]	ト [to]	ノ [no]	ホ [ho]	モ [mo]	ヨ [yo]	ロ [ro]	ヲ [o] ン [n]

청음(清音せいおん)

MP3 01

a あ	i い	u う	e え	o お
あい 사랑	いえ 집	うえ 위(上)	え 그림	あお 파랑

💡 あ・い・う・え・お(あ행)는 '아, 이, 우, 에, 오'와 발음이 비슷하며, う는 '우'와 '으'의 중간으로 발음한다.

ka か	ki き	ku く	ke け	ko こ
かお 얼굴	えき 역	きく 국화	いけ 연못	ここ 여기

💡 か・き・く・け・こ(か행)는 [ㅋ]와 [ㄱ]의 중간 발음이며, 단어 중간이나 끝에 오면 [ㄲ]에 가까운 발음이 된다.

sa さ	si し	su す	se せ	so そ
さしみ 회	しか 사슴	すし 초밥	せき 자리	そこ 거기

💡 さ·し·す·せ·そ(さ행)는 '사, 시, 스, 세, 소'와 발음이 비슷하며, す는 '수'와 '스'의 중간 발음이지만, 단어나 문장 끝에 오면 '스'에 가까운 발음이 된다.

ta た	chi ち	tsu つ	te て	to と
たこ 문어	ちかい 가깝다	つくえ 책상	て 손	とけい 시계

💡 た·ち·つ·て·と(た행)는 '타, 치, 츠, 테, 토'와 발음이 비슷하다. 단어 첫 머리에 오면 [ㅌ, ㅊ]에 가까운 발음이 되고, 단어 중간이나 끝에 오면 [ㄸ, ㅉ]와 비슷하게 발음 된다. つ는 '쯔'와 '츠'의 중간으로 발음한다.

na な	ni に	nu ぬ	ne ね	no の
なし (먹는) 배	にく 고기	いぬ 개	ねこ 고양이	のり 김

💡 な·に·ぬ·ね·の(な행)는 '나, 니, 누, 네, 노'와 발음이 비슷하다. ぬ는 우리말의 '누'와 '느'의 중간 발음이다.

ha は	hi ひ	hu ふ	he へ	ho ほ
はな 꽃	ひと 사람	ふね (타는) 배	へそ 배꼽	ほし 별

💡 は·ひ·ふ·へ·ほ(は행)는 '하, 히, 후, 헤, 호'와 발음이 비슷하다.

ma	mi	mu	me	mo
ま	み	む	め	も
うま	みみ	むし	あめ	もも
말	귀	벌레	비	복숭아

💡 ま・み・む・め・も(ま행)는 '마, 미, 무, 메, 모'와 발음이 비슷하다.

ya		yu		yo
や		ゆ		よ
やま		ゆき		よこ
산		눈		옆

💡 や・ゆ・よ(や행)는 '야, 유, 요'와 발음이 비슷하다.

ra	ri	ru	re	ro
ら	り	る	れ	ろ
さくら	りす	さる	はれ	いろ
벚꽃	다람쥐	원숭이	맑음	색

💡 ら・り・る・れ・ろ(ら행)는 '라, 리, 루, 레, 로'와 발음이 비슷하다.

wa			o	m, n, ŋ, N
わ			を	ん

💡 わ는 '와'와 비슷한 발음이며, を는 '~을/를'의 목적격 조사로만 사용되고 발음은 お와 같다. ん은 뒤에 오는 음에 따라 'ㄴ(n), ㅁ(m), ㅇ(ŋ), ㄴ과 ㅇ의 중간음(N)' 등 다양하다.

● 헷갈리는 히라가나

あ a	お o
た ta	な na
る ru	ろ ro

き ki	さ sa	
ぬ nu	め me	
ね ne	れ re	わ wa

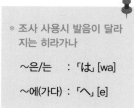

＊ 조사 사용시 발음이 달라지는 히라가나

~은/는 : 「は」[wa]

~에(가다) : 「へ」[e]

탁음(濁音) / 반탁음(半濁音)

- 탁음 : か행, さ행, た행, ば행 오른쪽 위에 탁점「゛」을 붙인 글자

- 반탁음 : は행 오른쪽 위에 반탁점「゜」을 붙인 글자

탁음

ga	gi	gu	ge	go
が	ぎ	ぐ	げ	ご
かがみ	かぎ	かぐ	げた	ごご
거울	열쇠	가구	나막신	오후

za	zi	zu	ze	zo
ざ	じ	ず	ぜ	ぞ
ざせき	ひじ	みず	かぜ	かぞく
좌석	팔꿈치	물	바람	가족

da	zi	zu	de	do
だ	ぢ	づ	で	ど
たいがく	はなぢ	こづつみ	そで	まど
대학	코피	소포	소매	창문

ba	bi	bu	be	bo
ば	び	ぶ	べ	ぼ
ばら	えび	ぶた	かべ	ぼく
장미	새우	돼지	벽	나

반탁음

pa	pi	pu	pe	po
ぱ	ぴ	ぷ	ぺ	ぽ
ぱくぱく	ぴかぴか	ぷくぷく	ぺらぺら	ぽかぽか
덥석덥석	반짝반짝	뒤룩뒤룩	술술	포근포근

🎧 MP3 03

kya	kyu	kyo	rya	ryu	ryo
きゃ	**きゅ**	**きょ**	**りゃ**	**りゅ**	**りょ**
きゃく	きゅうり	きょり	りゃくれき	りゅうがく	りょこう
손님	오이	거리	약력	유학	여행

sya	syu	syo	gya	gyu	gyo
しゃ	**しゅ**	**しょ**	**ぎゃ**	**ぎゅ**	**ぎょ**
しゃしん	しゅみ	しょくじ	ぎゃく	ぎゅうにく	きんぎょ
사진	취미	식사	반대	소고기	금붕어

cha	cyu	cyo	ja	ju	jo
ちゃ	**ちゅ**	**ちょ**	**じゃ**	**じゅ**	**じょ**
おちゃ	ちゅうごく	ちょうしょく	じゃがいも	じゅんび	じょしゅ
차	중국	조식	감자	준비	조수

nya	nyu	nyo	bya	byu	byo
にゃ	**にゅ**	**にょ**	**びゃ**	**びゅ**	**びょ**
こんにゃく	にゅういん	にょろにょろ	さんびゃく	びゅんびゅん	びょういん
곤약	입원	꿈틀꿈틀	300	휙휙	병원

hya	hyu	hyo	pya	pyu	pyo
ひゃ	**ひゅ**	**ひょ**	**ぴゃ**	**ぴゅ**	**ぴょ**
ひゃく	ひゅうひゅう	ひょうか	はっぴゃく	ぴゅうぴゅう	ぴょんぴょん
100	휙휙	평가	800	쌩쌩	깡총깡총

mya	myu	myo
みゃ	**みゅ**	**みょ**
みゃく	_	びみょう
맥		미묘

> * い단 + 작은 반모음
>
> い단 : き, ぎ, し, じ, ち, ぢ
> に, ひ, び, ぴ, み, り
>
> 작은 반모음 : や, ゆ, よ

 **촉음(促音)** そくおん

오른쪽 아래에 붙여서 우리말의 받침 'ㄱ', 'ㅅ', 'ㄷ', 'ㅂ'처럼 발음된다. っ(촉음) 뒤에 오는 글자 자음이 앞 글자의 받침이 된다고 생각하면 쉽다.

⑴ **か・き・く・け・こ(か행)** 앞에서 [k]로 발음

よっか 4일   がっき 악기   ゆっくり 천천히

はっけん 발견   がっこう 학교

⑵ **さ・し・す・せ・そ(さ행)** 앞에서 [s]로 발음

いっさい 한 살   ざっし 잡지   ひっす 필수

けっせき 결석   しっそ 검소

⑶ **た・ち・つ・て・と(た행)** 앞에서 [t]로 발음

はったつ 발달   きっちり 꼭, 딱   みっつ 세 개

きって 우표   もっと 더욱

⑷ **ぱ・ぴ・ぷ・ぺ・ぽ(ぱ행)** 앞에서 [p]로 발음

いっぱい 가득   しっぴつ 집필   いっぷん 1분

ほっぺた 뺨   いっぽん 한 병

 발음(発音)
^{はつおん}

🎧 MP3 05

ん(발음)은 우리말의 [ㄴ, ㅁ, ㅇ] 받침과 같은 역할을 한다. 단, 뒤에 오는 음에 따라 발음이 조금씩 달라진다.

⑴ **ま・ば・ぱ행 앞에서 [m]으로 발음**

さんま 꽁치   うんめい 운명   こんばん 오늘 밤

せんぱい 선배   えんぴつ 연필

⑵ **さ・ざ・た・だ・な・ら행 앞에서 [n]으로 발음**

せんせい 선생님   せんたく 세탁   ほんだな 책장

あんない 안내   べんり 편리

⑶ **か・が행 앞에서 [ŋ]으로 발음**

ぶんか 문화   てんき 날씨   まんが 만화

りんご 사과   おんがく 음악

⑷ **あ・は・や・わ행 앞 또는 단어의 맨 끝에서 [N]으로 발음**

れんあい 연애   ほんや 서점   しんゆう 친한 친구

でんわ 전화   にほん 일본

장음(長音・のばす音)
ちょうおん　　おん

🎧 MP3 06

같은 모음이 연결될 때, 뒤의 모음은 생략하고 앞의 모음을 길게 늘여 발음하는 것을 말한다. 가타카나의 자음은 「－」로 나타낸다. (예) デパート 백화점)

(1) あ단 + あ ： a：

おかあさん 어머니　　おばあさん 할머니　　カー 자동차

ばあい 경우　　まあまあ 그럭저럭

(2) い단 + い ： i：

おにいさん 형/오빠　　おじいさん 할아버지　　キー 열쇠

きいろ 노랑　　にいがた 니가타 (지역)

(3) う단 + う ： u：

くうき 공기　　すうじ 숫자　　プール 수영장

ふうせん 풍선　　つうしん 통신

(4) え단 + え/い ： e：

おねえさん 언니/누나　　えいご 영어　　ケーキ 케이크

とけい 시계　　きれいだ 예쁘다/깨끗하다

(5) お단 + お/う ： o：

おおさか 오사카 (지역)　　こおり 얼음　　コーラ 콜라

おとうさん 아버지　　きのう 어제

はじめまして。

처음 뵙겠습니다.

わたしは かいしゃいんです。	나는 회사원입니다.
いいえ、日本人じゃ ありません。	아니요, 일본인이 아닙니다.
中村さんは 韓国人で、先生です。	나카무라 씨는 한국인이고, 선생님입니다.

🎧 MP3 07

中村 <small>なかむら</small>　はじめまして、なかむらです。

ハン　　はじめまして、ハン・ミンジュンです。

　　　　どうぞ よろしく おねがいします。

中村 <small>なかむら</small>　こちらこそ よろしく おねがいします。

　　　　ハンさんは ちゅうごくじんですか。

ハン　　いいえ、ちゅうごくじんじゃ ありません。

　　　　かんこくじんです。なかむらさんは。

中村 <small>なかむら</small>　わたしは にほんじんで、かいしゃいんです。

Word

- はじめまして 처음 뵙겠습니다
- ~です ~입니다
- どうぞよろしくおねがいします。
  잘 부탁합니다.
- こちらこそ 저야말로

- ~さん ~씨
- 中国人 <small>ちゅうごくじん</small> 중국인
- いいえ 아니요
- ~じゃ ありません
  ~이/가 아닙니다

- ~は ~은/는
- 私 <small>わたし</small> 나
- 日本人 <small>にほんじん</small> 일본인
- ~で ~이고, ~이어서
- 会社員 <small>かいしゃいん</small> 회사원

이것만은 꼭꼭

01 인칭대명사

1인칭	2인칭	3인칭
私 （わたし）	あなた	彼 / 彼女 （かれ / かのじょ）
나	당신	그/그녀, 여자친구

02 ～は ～です ～은/는 ～입니다

私は 韓国人です。 （わたし / かんこくじん）　　　　나는 한국인입니다.

彼氏は 大学生です。 （かれし / だいがくせい）　　　남자친구는 대학생입니다.

イさんは 銀行員です。 （ぎんこういん）　　　이 씨는 은행원입니다.

💡 「は」[ha]는 조사인 '은(는)'의 의미일 경우, [wa]로 발음된다.

03 ～じゃ ありません ～이/가 아닙니다

私は 日本人じゃ ありません。 （わたし / にほんじん）　　나는 일본인이 아닙니다.

彼女は アメリカ人じゃ ありません。 （かのじょ / じん）　여자친구는 미국인이 아닙니다.

山田さんは 先生じゃ ありません。 （やまだ / せんせい）　야마다 씨는 선생님이 아닙니다.

💡 「では」와 「じゃ」는 같은 의미이지만, 「では」가 조금 더 정중한 느낌이고, 「じゃ」는 회화에서 많이 사용된다.

Word
彼女（かのじょ） 그녀, 여자친구　　韓国人（かんこくじん） 한국인　　彼氏（かれし） 남자친구　　大学生（だいがくせい） 대학생　　銀行員（ぎんこういん） 은행원
日本人（にほんじん） 일본인　　先生（せんせい） 선생님

04 | **はい / いいえ**　네 / 아니요

すず き さんは 医者ですか。 스즈키 씨는 의사입니까?

→ はい、医者です。 네, 의사입니다.

→ いいえ、医者じゃ ありません。 아니요, 의사가 아닙니다.

05 | **～で**　～(이)고, ～(이어)서

私は イギリス人で、主婦です。 나는 영국인이고, 주부입니다.

ダニエルさんはドイツ人で、モデルです。 다니엘 씨는 독일인이고, 모델입니다.

ジョンさんは イタリア人で、歌手です。 존 씨는 이탈리아인이고, 가수입니다.

💡 나라 이름에 「語」를 붙이면 그 나라의 언어를 나타내고, 「じん」을 붙이면 그 나라 사람을 나타낸다. 단, 「アメリカ」와 「イギリス」의 언어는 「英語」를 사용한다.

• Word • 医者 의사　イギリス人 영국인　主婦 주부　ドイツ人 독일인　モデル 모델

イタリア人 이탈리아인　歌手 가수

🎧 MP3 08

1 그림을 보고 〈보기〉와 같이 단어를 바꿔 말해 보세요.

> ┌ 보기 ┐
> イさん / 学生(がくせい) / 会社員(かいしゃいん)
> A : イさんは 学生(がくせい)ですか。
> B1 : はい、学生(がくせい)です。
> B2 : いいえ、学生(がくせい)じゃ ありません。会社員(かいしゃいん)です。

(1) 鈴木(すずき)さん / 銀行員(ぎんこういん) / 医者(いしゃ)

(2) チェさん / 中学生(ちゅうがくせい) / 高校生(こうこうせい)

(3) ワンさん / 日本人(にほんじん) / 中国人(ちゅうごくじん)

(4) マリさん / フランス人(じん) / ロシア人(じん)

(5) アンさん / モデル / エンジニア

2 그림을 보고 〈보기〉와 같이 단어를 바꿔 말해 보세요.

· 보기 ·

イさん / 韓国人(かんこくじん) / 学生(がくせい)

<u>イさん</u>は <u>韓国人(かんこくじん)</u>で、<u>学生(がくせい)</u>です。

(1) 鈴木(すずき)さん / 日本人(にほんじん) / 高校生(こうこうせい)

(2) ワンさん / 中国人(ちゅうごくじん) / 医者(いしゃ)

(3) マリさん / フランス人(じん) / 銀行員(ぎんこういん)

(4) アンさん / ベトナム人(じん) / エンジニア

· Word · 学生(がくせい) 학생　会社員(かいしゃいん) 회사원　銀行員(ぎんこういん) 은행원　医者(いしゃ) 의사　中学生(ちゅうがくせい) 중학생　高校生(こうこうせい) 고등학생

フランス人(じん) 프랑스인　ロシア人(じん) 러시아인　モデル 모델　エンジニア 엔지니어

ベトナム人(じん) 베트남인

1 녹음을 듣고 밑줄 친 부분을 채워 보세요.

(1) はじめまして。イ・スミです。

_____よろしく お願^{ねが}いします。

(2) A : ハンさんは_____ですか。

B : いいえ、_____じゃ ありません。韓国人^{かんこくじん}です。

(3) わたしは 日本人^{にほんじん}で、_____です。

2 녹음을 듣고 그림과 일치하면 O, 일치하지 않으면 X해 보세요.

(1)

(　　　　　　）

(2)

(　　　　　　）

(3)

(　　　　　　）

(4)

(　　　　　　）

• 일본 사람과 명함을 주고받아 볼까요? •

A : はじめまして。 <회사명>、××部の〇〇と申します。

안녕하세요. 〈회사명〉, ××부 〇〇라고 합니다.

よろしくお願いします。

잘 부탁합니다.

B : ありがとうございます。××部の〇〇様ですね。

감사합니다. ××부 〇〇님이시군요.

 명함은 일본 사람에게 얼굴 그 자체. 이것만은 주의!

☑ 일본 사람의 한자를 못 읽어 확인하는 것은 실례가 아니다.

☑ 명함을 받고 바로 넣는 것은 실례가 된다.

☑ 테이블 위에 명함을 놓고 이름을 보며 말하는 것은 실례가 아니다.

☑ 명함을 주지 않는 상대방에게 명함 없는지 묻는 것은 결례가 될 수 있다.

☑ 명함은 받는 사람이 읽기 쉬운 방향으로 건네는 것이 예의이다.

これはなんですか。

이것은 무엇입니까?

Key point

これは だれのケータイですか。	이것은 누구의 휴대폰입니까?
それは 私^{わたし}のです。	그것은 제 것입니다.
あれも まぐろですか。	저것도 참치(회)입니까?

🎧 MP3 10

中村　　ハンさん、お久しぶりです。

　　　　それは 何ですか。

ハン　　これですか。私の ケータイです。

中村　　へえ～、それは 何の アプリですか。

ハン　　ショッピングの アプリです。

中村　　韓国の アプリですか。

ハン　　はい、韓国のです。

Word

- □ お久しぶりです 오랜만입니다
- □ 何ですか 무엇입니까?
- □ 私 나, 저
- □ ケータイ 휴대폰
- □ 何の 어떤, 무슨
- □ アプリ 앱
- □ ショッピング 쇼핑
- □ 韓国 한국

이것만은 꼭꼭

01 지시사 (1)

これ	それ	あれ	どれ
이것	그것	저것	어느 것

💡 사물을 가리키는 지시어

말하는 사람에게 가까우면 「これ」, 듣는 사람에게 가까우면 「それ」, 말하는 사람과 듣는 사람 모두에게 떨어져 있으면 「あれ」를 사용한다. 「どれ」는 '어느 것'에 해당한다.

02 ~何ですか ~ 무엇입니까?

これは 何ですか。　　　　　이것은 무엇입니까?

→ それは お茶です。　　　　그것은 차입니다.

それは 何ですか。　　　　　그것은 무엇입니까?

→ これは ラーメンです。　　이것은 라면입니다.

あれは 何ですか。　　　　　저것은 무엇입니까?

→ あれは まぐろです。　　　저것은 참치(회)입니다.

・Word・ お茶 차　ラーメン 라면　まぐろ 참치(회)

03　の ~의, ~의 것

(1) 명사 + の + 명사

私は 日本語の 先生です。　　　나는 일본어 선생님입니다.　　　(の 해석 : ✕)

これは 英語の 本です。　　　이것은 영어책입니다.　　　(の 해석 : ✕)

それは 私の かばんです。　　　그것은 나의 가방입니다.　　　(の 해석 : ○)

あれは 木村さんの 財布です。　　　저것은 기무라씨의 지갑입니다.　　　(の 해석 : ○)

💡 大阪の大学 오사카에 있는 대학 / 大阪大学 오사카 대학

(2) 명사 + の

これは 私のです。　　　이것은 제 것입니다.

それは 先生のですか。　　　그것은 선생님의 것입니까?

04　~も ~도

鈴木さんもですか。　　　스즈키 씨도입니까?

彼女も 留学生ですか。　　　여자친구도 유학생입니까?

それも デジカメです。　　　그것도 디카입니다.

• Word •　日本語 일본어　先生 선생님　英語 영어　本 책　かばん 가방　財布 지갑　大学 대학교
彼女 그녀, 여자친구　留学生 유학생　デジカメ 디카('디지털카메라'의 줄임말)

1 그림을 보고 〈보기〉와 같이 말해 보세요.

> ·보기·
>
> これ / 紅茶^{こうちゃ}
>
> A : これは 何^{なん}ですか。
>
> B : それは 紅茶^{こうちゃ}です。

(1) これ / ミルク

(2) これ / チーズケーキ

(3) それ / ジュース

(4) それ / メロンパン

(5) あれ / コーヒー

2 그림을 보고 〈보기〉와 같이 말해 보세요.

──〈보기〉──

ケータイ / 私（わたし）

A : だれの ケータイですか。

B1 : 私（わたし）の ケータイです。

B2 : 私（わたし）の です。

(1) 本（ほん）/ イさん

(2) 靴（くつ）/ 友（とも）だち

(3) 財布（さいふ）/ キムさん

(4) お茶（ちゃ）/ 部長（ぶちょう）

・Word・ 紅茶（こうちゃ）홍차　ミルク 우유　チーズケーキ 치즈케이크　ジュース 주스　メロンパン 멜론 빵

コーヒー 커피　だれの 누구의　ケータイ 휴대폰　本（ほん）책　靴（くつ）구두　友（とも）だち 친구

財布（さいふ）지갑　お茶（ちゃ）차　部長（ぶちょう）부장

1 녹음을 듣고 밑줄 친 부분을 채워 보세요.

(1) これは _____ です。

(2) それは _____ ですか。

(3) あれは _____ です。

2 녹음을 듣고 누구의 것인지 찾아보세요.

(1)

    •   •   ① 私

(2)

    •   •   ② ハンさん

(3)

    •   •   ③ 鈴木さん

(4)

    •   •   ④ イさん

• 이것은 무엇일까요? •

보기

A : これは 何^{なん}ですか。
B : それは 新聞^{しんぶん}です。

新聞^{しんぶん}
신문

雑誌^{ざっし}
잡지

辞書^{じしょ}
사전

眼鏡^{めがね}
안경

時計^{とけい}
시계

帽子^{ぼうし}
모자

傘^{かさ}
우산

車^{くるま}
차

鏡^{かがみ}
거울

9時から4時までです。

<ruby>時<rt>じ</rt></ruby> <ruby>時<rt>じ</rt></ruby>

9시부터 4시까지입니다.

Key point

<ruby>今<rt>いま</rt></ruby>、<ruby>何時<rt>なんじ</rt></ruby>ですか。	지금, 몇 시입니까?
7<ruby>時<rt>じ</rt></ruby>5<ruby>分<rt>ふん</rt></ruby>です。	7시 5분입니다.
<ruby>銀行<rt>ぎんこう</rt></ruby>は9<ruby>時<rt>じ</rt></ruby>から4<ruby>時<rt>じ</rt></ruby>までです。	은행은 9시부터 4시까지입니다.

회화

フロント　東京ホテルです。

ハン　　あのー、ワインバーは 何時までですか。

フロント　１１時までです。

ハン　　そうですか。

　　　　じゃ、朝食は 何時から 何時までですか。

フロント　６時半から １０時までです。

ハン　　ありがとうございます。

Word

- 東京 동경
- ホテル 호텔
- フロント 프런트
- ワインバー 와인 바

- 何時 몇 시
- そうですか 그렇습니까?
- じゃ 그럼
- 朝食 조식

- ~から ~まで ~부터 ~까지
- 半 반
- ありがとうございます
  감사합니다

이것만은 꼭꼭

01 숫자

1	2	3	4	5
いち	に	さん	よん・し	ご
6	**7**	**8**	**9**	**10**
ろく	しち・なな	はち	きゅう・く	じゅう

💡 전화번호를 말할 때 '—(하이픈)'은 「の」로, 숫자 0은 「ゼロ」 또는 「れい」라고 말한다.

02 何時ですか 몇 시입니까?

1時	2時	3時	4時	5時	6時
いちじ	にじ	さんじ	よじ	ごじ	ろくじ
7時	**8時**	**9時**	**10時**	**11時**	**12時**
しちじ	はちじ	くじ	じゅうじ	じゅういちじ	じゅうにじ

💡 4시, 7시, 9시 발음에 주의!

03 何分ですか 몇 분입니까?

1分	2分	3分	4分	5分
いっぷん	にふん	さんぷん	よんぷん	ごふん
6分	**7分**	**8分**	**9分**	**10分**
ろっぷん	ななふん	はっぷん	きゅうふん	じゅ(っ)ぷん
15分	**20分**	**30分**	**40分**	**50分**
じゅうごふん	にじ(ゅ)っぷん	さんじ(ゅ)っぷん	よんじ(ゅ)っぷん	ごじ(ゅ)っぷん

💡 「시간+分」은 「ふん」 또는 「ぷん」으로 발음한다. 1, 3, 4, 6, 8, 10의 경우 「ぷん」으로 발음하며, 30분은 「半」으로도 사용할 수 있다.

04 ~から ~まで ~부터 ~까지

<ruby>会<rt>かい</rt>議<rt>ぎ</rt></ruby>は <ruby>何<rt>なん</rt>時<rt>じ</rt></ruby>からですか。　　　　　　　회의는 몇 시부터입니까?

<ruby>夏<rt>なつ</rt>休<rt>やす</rt></ruby>みは いつまでですか。　　　　　　여름휴가는 언제까지입니까?

<ruby>銀<rt>ぎん</rt>行<rt>こう</rt></ruby>は <ruby>午<rt>ご</rt>前<rt>ぜん</rt></ruby> 9<ruby>時<rt>じ</rt></ruby>から <ruby>午<rt>ご</rt>後<rt>ご</rt></ruby> 4<ruby>時<rt>じ</rt></ruby>までです。　은행은 오전 9시부터 오후 4시까지입니다.

05 시간 관련 표현

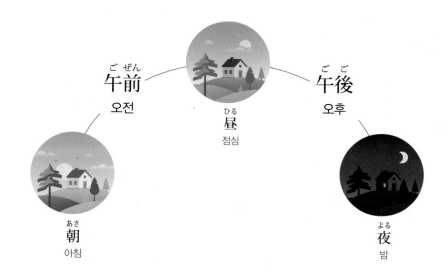

午前（ごぜん）오전
昼（ひる）점심
午後（ごご）오후
朝（あさ）아침
夜（よる）밤

·Word· <ruby>会議<rt>かいぎ</rt></ruby> 회의　<ruby>何時<rt>なんじ</rt></ruby> 몇 시　<ruby>何分<rt>なんぷん</rt></ruby> 몇 분　<ruby>夏休<rt>なつやす</rt></ruby>み 여름휴가, 여름방학　いつ 언제　<ruby>銀行<rt>ぎんこう</rt></ruby> 은행
<ruby>午前<rt>ごぜん</rt></ruby> 오전　<ruby>午後<rt>ごご</rt></ruby> 오후　<ruby>朝<rt>あさ</rt></ruby> 아침　<ruby>昼<rt>ひる</rt></ruby> 점심　<ruby>夜<rt>よる</rt></ruby> 밤

1 그림을 보고 〈보기〉와 같이 말해 보세요.

·보기·

A : 今 何時ですか。
いま なん じ

B : 2時 5分です。
じ ふん

(1) _____

(2) _____

(3) _____

(4) _____

(5) _____

2 그림을 보고 〈보기〉와 같이 말해 보세요.

・보기・

A : 銀行（ぎんこう）は 何時（なんじ）から 何時（なんじ）までですか。
B : 午前（ごぜん） 9時（じ）から 午後（ごご）4時（じ）までです。

(1) デパート / AM 11:00～PM 8:30

(2) 本屋（ほんや） / AM 10:00～PM 9:30

(3) ジム / AM 6:00～PM 11:00

(4) 郵便局（ゆうびんきょく） / AM 9:00～PM 5:00

 Word 何時（なんじ）몇 시 銀行（ぎんこう）은행 午前（ごぜん）오전 午後（ごご）오후 デパート 백화점 本屋（ほんや）서점 ジム 헬스장
郵便局（ゆうびんきょく）우체국

1 녹음을 듣고 해당 전화번호를 적어 보세요.

(1) _____ です。

(2) _____ です。

(3) _____ です。

2 녹음을 듣고 시간을 적어 보세요.

(1)

_____

(2)

_____

(3)

_____

(4)

_____

문화 톡톡

• 일본의 식사예절 •

① 음식을 주고받을 때는 개인 젓가락으로 주고받지 않는다.

② 면 요리를 먹을 때 소리 내며 먹어도 예의에 벗어나지 않는다.

(단, 스파게티는 제외)

③ 식기는 손으로 받쳐서 들고 먹는다.

④ 젓가락을 놓을 때는 젓가락 끝이 왼쪽으로 가도록 가로로 놓는다.

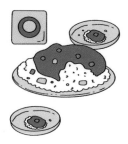

⑤ 다 같이 먹는 음식은 개인 접시를 이용한다.

⑥ 음식이 멀리 있는 경우 젓가락으로 그릇을 끌어오지 않는다.

そのパンはいくらですか。

그 빵은 얼마입니까?

Key point

そのパンは いくらですか。	그 빵은 얼마입니까?
コーヒーと ケーキを ください。	커피와 케이크를 주세요.
<ruby>何<rt>なに</rt></ruby>にしますか。	무엇으로 하겠습니까?

店員　いらっしゃいませ。

ハン　あの、すみません。このケーキ、いくらですか。

店員　３００円です。

ハン　じゃ、私は コーヒーと ケーキにします。

中村さんは。

中村　私も。

ハン　じゃ、コーヒーと ケーキ１つずつ ください。

あ、このプリンも １つ お願いします。

Word

▫ 店員 점원

▫ いらっしゃいませ 어서 오세요

▫ あの、すみません 저, 실례합니다

▫ ケーキ 케이크

▫ いくら 얼마

▫ 円 엔

▫ 私 나

▫ コーヒー 커피

▫ ~にします ~로 하겠습니다

▫ ~も ~도

▫ ~ずつ ~씩

▫ プリン 푸딩

▫ お願いします 부탁합니다

이것만은 꼭꼭

01 지시사 (2)

この+명사	その+명사	あの+명사	どの+명사
이+명사	그+명사	저+명사	어느+명사

💡 명사를 수식하는 지시어

말하는 사람에게 가까우면 「この」, 듣는 사람에게 가까우면 「その」, 말하는 사람과 듣는 사람 모두에게 떨어져 있으면 「あの」를 사용한다. 「どの」는 '어느'에 해당한다.

02 숫자

	10	100	1,000	10,000
1	じゅう	ひゃく	せん	いちまん
2	にじゅう	にひゃく	にせん	にまん
3	さんじゅう	さんびゃく	さんぜん	さんまん
4	よんじゅう	よんひゃく	よんせん	よんまん
5	ごじゅう	ごひゃく	ごせん	ごまん
6	ろくじゅう	ろっぴゃく	ろくせん	ろくまん
7	ななじゅう	ななひゃく	ななせん	ななまん
8	はちじゅう	はっぴゃく	はっせん	はちまん
9	きゅうじゅう	きゅうひゃく	きゅうせん	きゅうまん

💡 파란색으로 표시한 부분은 탁음(ﾞ)이나 반탁음(ﾟ)에, 녹색으로 표시한 부분은 전체적으로 주의해야 할 숫자이다. 특히, 300, 600, 800은 발음에 주의!

03 **いくつですか** 몇 개 입니까?

~つ
~개

	1つ	2つ	3つ	4つ	5つ
	ひとつ	ふたつ	みっつ	よっつ	いつつ
	6つ	7つ	8つ	9つ	10つ
	むっつ	ななつ	やっつ	ここのつ	とお

04 **~ください** ~주세요

このスカーフ(を) ください。   이 스카프(를) 주세요.

ウーロン茶^{ちゃ}2つと ケーキ1つ ください。   우롱차 2개와 케이크 1개 주세요.

おにぎりと ラーメン 1つずつ ください。   주먹밥과 라면 1개씩 주세요.

05 **~にします** ~로 하겠습니다

飲み物は 何にしますか。   음료는 무엇으로 하겠습니까?

オレンジジュースにします。   오렌지 주스로 하겠습니다.

私も これにします。   저도 이것으로 하겠습니다.

・Word・ ~を ~을/를   ~と ~와/과   ~ずつ ~씩   スカーフ 스카프   ウーロン茶 우롱차
ケーキ 케이크   おにぎり 주먹밥   ラーメン 라면   飲み物 음료
オレンジジュース 오렌지 주스

🎧 MP3 17

1 그림을 보고 〈보기〉와 같이 말해 보세요.

300円

> **·보기·**
>
> A : このコーヒーは いくらですか。
> B : さんびゃく<ruby>円<rt>えん</rt></ruby>です。

600円

(1) このサラダ

850円

(2) その<ruby>お好<rt>この</rt></ruby>み<ruby>焼<rt>や</rt></ruby>き

1,230円

(3) あのカレーライス

1,250円＋220円

(4) <ruby>全部<rt>ぜん ぶ</rt></ruby>で

1,560円＋540円

(5) <ruby>全部<rt>ぜん ぶ</rt></ruby>で

2 그림을 보고 〈보기〉와 같이 말해 보세요.

> **· 보기 ·**
>
> A : いらっしゃいませ。ご注文、どうぞ。
>
> B : カステラ ひとつと ミルク ひとつください。

(1) チーズケーキ / アメリカーノ

(2) クッキー / 紅茶

(3) マカロン / お茶

(4) ドーナツ / オレンジジュース

· Word · コーヒー 커피　サラダ 샐러드　お好み焼き 오코노미야키　カレーライス 카레라이스

全部で 전부 해서　注文 주문　カステラ 카스텔라　ミルク 우유　チーズケーキ 치즈케이크

アメリカーノ 아메리카노　クッキー 쿠키　紅茶 홍차　マカロン 마카롱　お茶 차

ドーナツ 도넛　オレンジジュース 오렌지 주스

1 　녹음을 듣고 가격을 적어 보세요.

(1) ドーナツは _____ です。

(2) チキンカレーは _____ です。

(3) アイスコーヒーは _____ です。

2 　녹음을 듣고 메뉴를 골라보세요.

(1)  　　　　　•

•　① イさん

(2)  　　　　　•

•　② 田中さん

(3)  　　　　　•

•　③ ハンさん

(4)  　　　　　•

•　④ 中村さん

Word　チーズバーガー 치즈 버거　エビバーガー 새우 버거　チキンバーガー 치킨 버거

ベーコンレタスバーガー 베이컨 양상추 버거

• 일본요리 메뉴를 보고 이야기 나눠볼까요? •

A : Bさん、これは何ですか。

B : <u>チキンカレー</u>です。

A : <u>チキンカレー</u>?

B : (とりにくのカレー)です。

・Word・ チキンカレー 치킨 카레　　コロッケカレー 고로케 카레　　ビーフカレー 비프 카레

さけ丼 연어 덮밥　　牛丼 소고기 덮밥　　エビ丼 새우 덮밥　　わかめうどん 미역 우동

肉そば 고기 소바　　天うどん/そば 튀김 우동/소바

＊とりにく 닭고기　　ぶたにく 돼지고기　　ぎゅうにく 소고기

第 5 課

この<ruby>近<rt>ちか</rt></ruby>くにバス<ruby>停<rt>てい</rt></ruby>があります。

이 근처에 버스정류장이 있습니다.

Key point

<ruby>薬屋<rt>くすり や</rt></ruby>は どこですか。	약국은 어디입니까?
<ruby>今日<rt>きょう</rt></ruby>の<ruby>会議<rt>かい ぎ</rt></ruby>は ありません。	오늘 회의는 없습니다.
テーブルの <ruby>上<rt>うえ</rt></ruby>に サングラスが あります。	테이블 위에 선글라스가 있습니다.

🎧 MP3 19

中村 （なかむら） すみません。バス停（てい）は どこですか。

ハン バス停（てい）ですか。あ、あそこです。

本屋（ほんや）の 近（ちか）くに あります。

中村 （なかむら） ありがとうございます。

本屋（ほんや）の 近（ちか）くに カフェも ありますか。

ハン いいえ、カフェは ありません。

カフェは 駅（えき）の 1階（いっかい）に あります。

中村 （なかむら） そうですか。ありがとうございます。

Word

- 薬屋（くすりや） 약국
- どこ 어디
- 今日（きょう） 오늘
- 会議（かいぎ） 회의
- テーブル 테이블

- 上（うえ） 위
- サングラス 선글라스
- バス停（てい） 버스 정류장
- あそこ 저기
- 本屋（ほんや） 서점

- 近（ちか）く 근처
- カフェ 카페
- 駅（えき） 역
- 1階（いっかい） 1층

이것만은 꼭꼭

01 지시사 (3)

ここ	そこ	あそこ	どこ
여기	거기	저기	어디

💡 장소를 나타내는 지시어

말하는 사람에게 가까우면 「ここ」, 듣는 사람에게 가까우면 「そこ」, 말하는 사람과 듣는 사람 모두에게 떨어져 있으면 「あそこ」를 사용한다. 「どこ」는 '어디'에 해당한다.

02 위치 명사 (1)

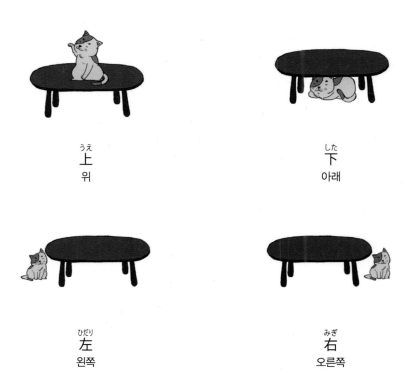

うえ
上
위

した
下
아래

ひだり
左
왼쪽

みぎ
右
오른쪽

03 **あります / ありません** 있습니다 / 없습니다

	긍정	부정
사물·식물	あります 있습니다	ありません 없습니다

トイレは ここに あります。 　　　　　　　화장실은 여기에 있습니다.

コンビニは どこに ありますか。 　　　　　편의점은 어디에 있습니까?

テストは ありません。 　　　　　　　　　시험은 없습니다.

何(なに)も ありません。 　　　　　　　　　　아무것도 없습니다.

04 **〜に 〜が あります** 〜에 〜이/가 있습니다

テーブルの 上(うえ)に ケータイが あります。 　　테이블 위에 휴대폰이 있습니다.

ベッドの 下(した)に タオルが あります。 　　　침대 밑에 수건이 있습니다.

デパートの 右(みぎ)に 本屋(ほんや)が あります。 　백화점 오른쪽에 서점이 있습니다.

カフェの 左(ひだり)に 花屋(はなや)が あります。 　카페 왼쪽에 꽃집이 있습니다.

・Word・ トイレ 화장실　コンビニ 편의점　テスト 시험, 테스트　何(なに)も 아무것도　テーブル 테이블

ケータイ 휴대폰　ベッド 침대　タオル 수건　デパート 백화점　本屋(ほんや) 서점　カフェ 카페

花屋(はなや) 꽃집

🎧 MP3 20

1 그림을 보고 〈보기〉와 같이 말해 보세요.

─ 보기 ─
A : <u>かばん</u>は どこに ありますか。
B : <u>いすの<ruby>上<rt>うえ</rt></ruby></u>に あります。

(1) ペン / いす

(2) <ruby>時計<rt>とけい</rt></ruby> / ベッド

(3) ゴミ<ruby>箱<rt>ばこ</rt></ruby> / <ruby>本棚<rt>ほんだな</rt></ruby>

(4) <ruby>傘<rt>かさ</rt></ruby> / テレビ

(5) <ruby>箱<rt>はこ</rt></ruby> / <ruby>机<rt>つくえ</rt></ruby>

2 그림을 보고 〈보기〉와 같이 말해 보세요.

·보기·

A：<ruby>美容室<rt>びようしつ</rt></ruby>は どこですか。

B：<ruby>美容室<rt>びようしつ</rt></ruby>は 4<ruby>階<rt>かい</rt></ruby>に あります。

---

(1) カフェ / 1<ruby>階<rt>かい</rt></ruby>

(2) レストラン / 5<ruby>階<rt>かい</rt></ruby>

(3) <ruby>本屋<rt>ほんや</rt></ruby> / 2<ruby>階<rt>かい</rt></ruby>

(4) <ruby>駐車場<rt>ちゅうしゃじょう</rt></ruby> / <ruby>地下<rt>ちか</rt></ruby>1<ruby>階<rt>かい</rt></ruby>

(5) <ruby>病院<rt>びょういん</rt></ruby> / 3<ruby>階<rt>がい</rt></ruby>

(6) コンビニ / 1<ruby>階<rt>かい</rt></ruby>

·Word· いす 의자　ペン 펜　<ruby>時計<rt>とけい</rt></ruby> 시계　ベッド 침대　ゴミ<ruby>箱<rt>ばこ</rt></ruby> 쓰레기통　<ruby>本棚<rt>ほんだな</rt></ruby> 책장　<ruby>傘<rt>かさ</rt></ruby> 우산

テレビ 텔레비전　<ruby>箱<rt>はこ</rt></ruby> 상자　<ruby>机<rt>つくえ</rt></ruby> 책상　<ruby>美容室<rt>びようしつ</rt></ruby> 미용실　カフェ 카페　レストラン 레스토랑

<ruby>本屋<rt>ほんや</rt></ruby> 서점　<ruby>駐車場<rt>ちゅうしゃじょう</rt></ruby> 주차장　<ruby>病院<rt>びょういん</rt></ruby> 병원　コンビニ 편의점　<ruby>地下<rt>ちか</rt></ruby>1<ruby>階<rt>いっかい</rt></ruby> 지하 1층

1<ruby>階<rt>いっかい</rt></ruby> 1층　2<ruby>階<rt>にかい</rt></ruby> 2층　3<ruby>階<rt>さんがい</rt></ruby> 3층　4<ruby>階<rt>よんかい</rt></ruby> 4층　5<ruby>階<rt>ごかい</rt></ruby> 5층

1 녹음을 듣고 사물의 위치를 적어 보세요.

(1) パソコンは _____ に あります。

(2) ソファーは _____ に あります。

(3) ケータイは _____ に あります。

2 녹음을 듣고 그림과 일치하면 O, 일치하지 않으면 X해 보세요.

(1)

① (   )

② (   )

③ (   )

(2)

① (   )

② (   )

③ (   )

一休み 문화 톡톡

• 일본의 공휴일 •

1월	1일	元日 설날 _{がんじつ}
	둘째 주 월요일	成人の日 성년의 날 _{せいじん ひ}
2월	11일	建国記念日 건국기념일 _{けんこく き ねん び}
	23일	天皇誕生日 일왕 탄생일 _{てんのうたんじょう び}
3월	21일	春分の日 춘분 _{しゅんぶん ひ}
4월	29일	昭和の日 쇼와의 날 _{しょう わ ひ}
5월	3일	憲法記念日 헌법기념일 _{けんぽう き ねん び}
	4일	みどりの日 녹색의 날 _ひ
	5일	こどもの日 어린이날 _ひ
7월	셋째 주 월요일	海の日 바다의 날 _{うみ ひ}
9월	셋째 주 월요일	敬老の日 경로의 날 _{けいろう ひ}
	23일	秋分の日 추분 _{しゅうぶん ひ}
10월	둘째 주 월요일	体育の日 체육의 날 _{たいいく ひ}
11월	3일	文化の日 문화의 날 _{ぶん か ひ}
	23일	勤労感謝の日 근로감사의 날 _{きんろうかんしゃ ひ}

• ゴールデンウィーク
골든위크(황금연휴) : 4/29～5/5까지 1년 중
가장 긴 연휴

第 **6** 課

私は 駅の前にいます。

저는 역 앞에 있습니다.

Key point

田中さんは どこに いますか。	다나카 씨는 어디에 있습니까?
今 ホテルのロビーに います。	지금 호텔 로비에 있습니다.
私の後ろに 中村さんが います。	내 뒤에 나카무라 씨가 있습니다.

🎧 MP3 22

中村（なかむら） 先輩（せんぱい）、今（いま） どこですか。

先輩（せんぱい） 私（わたし）は 駅（えき）の 前（まえ）に います。

中村（なかむら） あ、駅（えき）の 前（まえ）ですか。

先輩（せんぱい） はい、そうです。中村（なかむら）さんは どこですか。

中村（なかむら） 駅（えき）の となりの コンビニです。

すぐ 行（い）きます。

Word

- どちら 어느 쪽(방향)
- 今（いま） 지금
- ホテル 호텔
- ロビー 로비
- 先輩（せんぱい） 선배

- 駅（えき） 역
- 前（まえ） 앞
- そうです 그렇습니다
- どこ 어디(장소)

- となり 옆
- コンビニ 편의점
- すぐ 곧, 바로
- 行（い）きます 갑니다

이것만은 꼭꼭

01 지시사 (4)

こちら	そちら	あちら	どちら
이쪽	그쪽	저쪽	어느 쪽

💡 방향을 나타내는 지시어

말하는 사람에게 가까우면 「こちら」, 듣는 사람에게 가까우면 「そちら」, 말하는 사람과 듣는 사람 모두에게 떨어져 있으면 「あちら」를 사용한다. 「どちら」는 '어느 쪽'에 해당한다.

02 위치 명사 (2)

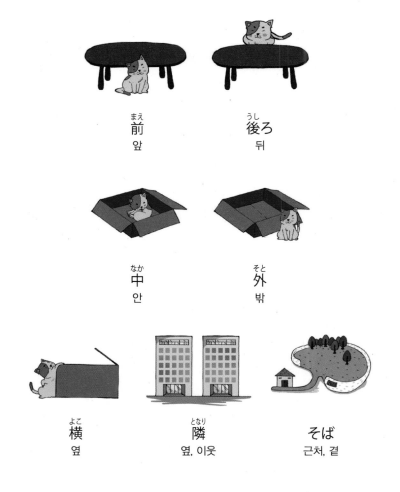

前^{まえ}
前
앞

後^{うし}ろ
後ろ
뒤

中^{なか}
中
안

外^{そと}
外
밖

横^{よこ}
横
옆

隣^{となり}
隣
옆, 이웃

そば
근처, 곁

03　**います / いません** 있습니다 / 없습니다

	긍정	부정
사람・동물	います 있습니다	いません 없습니다

日本人の 友だちが いますか。　　　　일본인 친구가 있습니까?

鈴木さんは クリーニング屋に います。　　스즈키 씨는 세탁소에 있습니다.

こちらには いません。　　　　　　　　이쪽에는 없습니다.

だれも いません。　　　　　　　　　아무도 없습니다.

04　**～に ～が います** ～에 ～이/가 있습니다

いすの 前に 犬が います。　　　　　의자 앞에 강아지가 있습니다.

中村さんの 後ろに 猫が います。　　　나카무라 씨 뒤에 고양이가 있습니다.

教室の 中に 先生が いません。　　　교실에 선생님이 없습니다.

吉田さんの そばに 先輩が いません。　요시다 씨 옆에 선배가 없습니다.

・Word・　日本人 일본인　友だち 친구　クリーニング屋 세탁소　だれも 아무도　いす 의자
犬 강아지, 개　猫 고양이　教室 교실　先生 선생님　先輩 선배

🎧 MP3 23

1 그림을 보고 〈보기〉와 같이 말해 보세요.

> ·보기·
> A : 猫^{ねこ}は どこに いますか。
> B : いすの前^{まえ}に います。

(1) 猫^{ねこ} / いす

(2) 犬^{いぬ} / 部屋^{へや}

(3) 犬^{いぬ} / 部屋^{へや}

(4) うさぎ / 箱^{はこ}

(5) 先輩^{せんぱい} / 先生^{せんせい}

2 그림을 보고 〈보기〉와 같이 말해 보세요.

> ・보기・
>
> A : <ruby>吉田<rt>よしだ</rt></ruby>さんは どこに いますか。
> B : <ruby>吉田<rt>よしだ</rt></ruby>さんは キムさんの<ruby>右<rt>みぎ</rt></ruby>に います。

(1) キムさん　　　　　　　　　(2) マリさん

(3) <ruby>吉田<rt>よしだ</rt></ruby>さん　　　　　　　　　(4) <ruby>佐藤<rt>さとう</rt></ruby>さん

(5) チェさん　　　　　　　　　(6) <ruby>山村<rt>やまむら</rt></ruby>さん

・Word・　<ruby>猫<rt>ねこ</rt></ruby> 고양이　いす 의자　<ruby>前<rt>まえ</rt></ruby> 앞　<ruby>後<rt>うし</rt></ruby>ろ 뒤　<ruby>犬<rt>いぬ</rt></ruby> 강아지, 개　<ruby>部屋<rt>へや</rt></ruby> 방　<ruby>中<rt>なか</rt></ruby> 안　<ruby>外<rt>そと</rt></ruby> 밖　うさぎ 토끼
<ruby>箱<rt>はこ</rt></ruby> 상자　<ruby>横<rt>よこ</rt></ruby> 옆　<ruby>先輩<rt>せんぱい</rt></ruby> 선배　<ruby>隣<rt>となり</rt></ruby> 옆, 이웃

1 녹음을 듣고 밑줄 친 부분을 채워 보세요.

(1) 今 _{いま} _____。

(2) ハンさんは _____ に います。

(3) イさんの猫_{ねこ}は _____ に います。

2 녹음을 듣고 그림과 일치하면 O, 일치하지 않으면 X해 보세요.

(1)

(　　　　　)

(2)

(　　　　　)

(3)

(　　　　　)

(4)

(　　　　　)

一休み / 어휘 톡톡

• 호텔은 어디에 있습니까? •

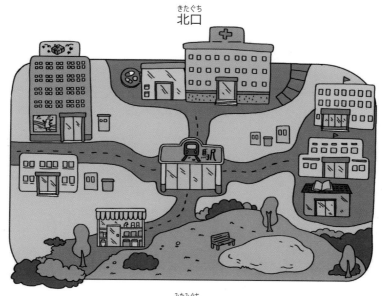

북口 (きたぐち)

西口 (にしぐち)　　**駅**　　**東口** (ひがしぐち)

南口 (みなみぐち)

[보기]

A : ホテルは どこに ありますか。

B1 : デパートの前（まえ）に あります。

B2 : 西口（にしぐち）に あります。

• Word •

駅（えき）역　北口（きたぐち）북쪽 출구　南口（みなみぐち）남쪽 출구　東口（ひがしぐち）동쪽 출구　西口（にしぐち）서쪽 출구　薬屋（くすりや）약국

病院（びょういん）병원　デパート 백화점　ホテル 호텔　スーパー 슈퍼　公園（こうえん）공원　小学校（しょうがっこう）초등학교

中学校（ちゅうがっこう）중학교　本屋（ほんや）서점

第 **7** 課

ちょっと高<ruby>高<rt>たか</rt></ruby>いですね。

조금 비싸군요.

Key point

今日<ruby><rt>きょう</rt></ruby>は 暑<ruby><rt>あつ</rt></ruby>くありません。	오늘은 덥지 않습니다.
やさしい先生<ruby><rt>せんせい</rt></ruby>ですね。	상냥한 선생님이군요.
このケーキは 甘<ruby><rt>あま</rt></ruby>くて おいしいです。	이 케이크는 달고 맛있습니다.

中村（なかむら）　ハンさん、どんな ケーキが いいですか。

ハン　いちごが 多（おお）い ケーキが いいです。

中村（なかむら）　いちごケーキですか。

じゃ、この 生（なま）いちごケーキは どうですか。

５６０円（えん）です。

ハン　５６０円（えん）? ちょっと 高（たか）いですね。

中村（なかむら）　そうですか。じゃ、これは どうですか。

３２０円（えん）です。

ハン　あ、あまり 高（たか）くありませんね。

私（わたし）は それにします。

Word

- ちょっと 조금
- 高（たか）い 비싸다
- 今日（きょう） 오늘
- 暑（あつ）い 덥다
- やさしい 상냥하다
- 〜ですね 〜군요, 〜네요

- このケーキ 이 케이크
- 甘（あま）い 달다
- おいしい 맛있다
- どんな 어떤
- いい 좋다
- いちご 딸기

- 多（おお）い 많다
- 生（なま）いちご 생딸기
- どうですか 어떻습니까
- そうですか 그렇습니까
- あまり 그다지, 별로
- 〜にします 〜로 하겠습니다

![이것만은 꼭꼭]

01 い형용사의 활용

	い형용사의 활용		예	
기본형	~い	おいしい。		맛있다.
정중형	~い + です	おいしいです。		맛있습니다.
부정형	~ⓘ + くありません	おいしくありません。		맛있지 않습니다.
명사 수식	~い + 명사	おいしいパン		맛있는 빵
연결형	~ⓘ + くて	おいしくて		맛있고, 맛있어서

💡 おいし(어간)い(어미) : い형용사의 기본형은 「い」로 끝나며, 어미 「い」를 변화시켜 활용한다.

02 ~い + です(か) ~합니다(~합니까?)

ほっかいどう
北海道は 寒いです。　　　　　　　　　　홋카이도는 춥습니다.

おきなわ　　あつ
沖縄は 暑いです。　　　　　　　　　　　오키나와는 덥습니다.

に ほん ご　　むずか
日本語は 難しいですか。　　　　　　　　일본어는 어렵습니까?

まいにち いそが
毎日 忙しいですか。　　　　　　　　　　매일 바쁩니까?

03 ~くありません(=くないです) ~하지 않습니다

えい が
映画は おもしろくありません。　　　　　영화는 재미있지 않습니다.

か
このラーメンは 辛くありません。　　　　이 라면은 맵지 않습니다.

わたし　　へ や　　　　　　　ひろ
私の部屋は あまり 広くありません。　　　내 방은 그다지 넓지 않습니다.

ホテルのサービスが あまり よくありません。　호텔 서비스가 별로 좋지 않습니다.

💡 いい/よい(좋다) 변형에 주의!
　　いくありません（X）　よくありません（O）

04 **〜い + 명사** 〜한 명사

キムさんは 背が 高い人です。　　　　　김 씨는 키가 큰 사람입니다.

漢字が 多い本です。　　　　　　　　　한자가 많은 책입니다.

いい天気ですね。　　　　　　　　　　좋은 날씨군요(날씨가 좋네요).

やさしい先生ですね。　　　　　　　　상냥한 선생님이군요.

💡 「〜ね」는 상대방이 아는 사실에 대해 확인하거나 동의를 구할 때, 공감하거나 감탄할 때 문장 끝에 붙여서 사용한다.

05 **〜くて** 〜하고, 〜해서

背が 高くて やさしいです。　　　　　키가 크고 상냥합니다.

このケーキは 甘くて おいしいです。　이 케이크는 달고 맛있습니다.

その部屋は 広くて 明るいです。　　　이 방은 넓고 밝습니다.

あの弁当は 安くて 量が 多いです。　저 도시락은 싸고 양이 많습니다.

・Word・　おいしい 맛있다　北海道 홋카이도　沖縄 오키나와　寒い 춥다　暑い 덥다　日本語 일본어
難しい 어렵다　毎日 매일　忙しい 바쁘다　映画 영화　おもしろい 재미있다
このラーメン 이 라면　辛い 맵다　部屋 방　あまり 그다지, 별로　広い 넓다
ホテル 호텔　サービス 서비스　いい(よい) 좋다　背が高い 키가 크다　人 사람
漢字 한자　多い 많다　天気 날씨　やさしい 상냥하다

1 그림을 보고 〈보기〉와 같이 말해 보세요.

> **보기**
>
> A : 日本語は 難しいですか。
> B1 : はい、難しいです。
> B2 : いいえ、難しくありません。

(1) そのかばん / 高い

(2) 今日 / 忙しい

(3) この車 / 新しい

(4) あのケーキ / 甘い

(5) 天気 / いい

2 그림을 보고 〈보기〉와 같이 말해 보세요.

> **・보기・**
>
> A : どんな ケーキですか。
> B : 甘くて おいしいケーキです。

(1) かばん / 安い / 小さい

(2) コーヒー / 熱い / 苦い

(3) ワンピース / かわいい / 赤い

(4) 人 / 背が高い / かっこいい

・Word・ 難しい 어렵다　高い 비싸다　今日 오늘　忙しい 바쁘다　この車 이 차　新しい 새롭다
あのケーキ 저 케이크　甘い 달다　天気 날씨　いい 좋다　どんな 어떤　安い 싸다
小さい 작다　コーヒー 커피　熱い 뜨겁다　苦い 쓰다　ワンピース 원피스
かわいい 귀엽다　赤い 빨갛다　背が高い 키가 크다　かっこいい 멋있다

🎧 MP3 27

1 녹음을 듣고 밑줄 친 부분을 채워 보세요.

(1) このスパゲッティは ＿＿＿＿＿＿＿＿＿＿＿＿＿＿。

(2) 先輩（せんぱい）は ＿＿＿＿＿＿＿＿＿＿＿ です。

(3) 日本語（にほんご）は ＿＿＿＿＿＿＿＿＿＿＿＿＿ です。

2 녹음을 듣고 내용에 맞는 그림을 찾아 보세요.

(1) ＿＿＿＿＿＿   (2) ＿＿＿＿＿＿   (3) ＿＿＿＿＿＿   (4) ＿＿＿＿＿＿

①

②

③

④

어휘 톡톡

暑い ↔ 寒い
덥다　춥다

大きい ↔ 小さい
크다　작다

背が高い ↔ 背が低い
키가 크다　키가 작다

多い ↔ 少ない
많다　적다

遠い ↔ 近い
멀다　가깝다

明るい ↔ 暗い
밝다　어둡다

高い ↔ 安い
비싸다　싸다

熱い ↔ 冷たい
뜨겁다　차갑다

第 **8** 課

どんなタイプが好^すきですか。

어떤 타입을 좋아합니까?

Key point

日本語_{にほんご}は 簡単_{かんたん}です。	일본어는 간단합니다.
あのレストランは きれいじゃありません。	저 레스토랑은 깨끗하지 않습니다.
私_{わたし}は 親切_{しんせつ}で 真面目_{まじめ}な人_{ひと}が 好_すきです。	저는 친절하고 성실한 사람을 좋아합니다.

🎧MP3 28

中村 <small>なかむら</small>	わ～、この 人<small>ひと</small>は 誰<small>だれ</small>ですか。
	彼女<small>かのじょ</small>ですか。
ハン	はい、そうです。
中村 <small>なかむら</small>	へぇ～、うらやましいですね。
	彼女<small>かのじょ</small>は どんな 人<small>ひと</small>ですか。
ハン	スリムで きれいな 人<small>ひと</small>です。
	中村<small>なかむら</small>さんは どんな タイプが 好<small>す</small>きですか。
中村 <small>なかむら</small>	私<small>わたし</small>は ハンサムで 親切<small>しんせつ</small>な 人<small>ひと</small>が 好<small>す</small>きです。

Word

- どんな 어떤
- タイプ 타입(스타일)
- 好<small>す</small>きだ 좋아하다
- 簡単<small>かんたん</small>だ 간단하다
- あのレストラン 저 레스토랑

- きれいだ 깨끗하다
- 親切<small>しんせつ</small>だ 친절하다
- 真面目<small>まじめ</small>だ 성실하다
- 誰<small>だれ</small> 누구
- 彼女<small>かのじょ</small> 여자친구, 그녀

- そうです 그렇습니다
- うらやましい 부럽다
- スリムだ 슬림하다
- ハンサムだ 핸섬하다

이것만은 꼭꼭

01 な형용사의 활용

	な형용사의 활용	예	
기본형	～だ	便利だ。	편리하다.
정중형	～*だ* + です	便利です。	편리합니다.
부정형	～*だ* + じゃありません	便利じゃありません。	편리하지 않습니다.
명사 수식	～*だ* + な + 명사	便利な～	편리한 ～
연결형	～*だ* + で	便利で～	편리하고, 편리해서

02 ～です(か) ～합니다(～합니까?)

富士山は 有名です。	후지산은 유명합니다.
日本語は 簡単です。	일본어는 간단합니다.
明日は 暇ですか。	내일은 한가합니까?
山田さんは 真面目ですか。	야마다 씨는 성실합니까?

03 ～じゃありません ～하지 않습니다

あの店は きれいじゃありません。	저 가게는 깨끗하지 않습니다.
このいすは 楽じゃありません。	이 의자는 편하지 않습니다.
中国語は 簡単じゃありません。	중국어는 간단하지 않습니다.
デジカメは 必要じゃありません。	디카는 필요하지 않습니다.

04　～な＋명사 ～한 명사

好きな 歌手は だれですか。　　　　좋아하는 가수는 누구입니까?

木村さんは 真面目な 人です。　　　기무라 씨는 성실한 사람입니다.

浅草は 有名な 観光地です。　　　　아사쿠사는 유명한 관광지입니다.

スリムな モデルですね。　　　　　　날씬한 모델이군요.

05　～で ～하고, ～해서

ハンサムで 親切な 先輩です。　　　　핸섬하고 친절한 선배입니다.

先生は スマートで やさしい 人です。　선생님은 스마트하고 상냥한 사람입니다.

この部屋は きれいで 静かです。　　　이 방은 깨끗하고 조용합니다.

あのいすは 楽で 丈夫です。　　　　　저 의자는 편안하고 튼튼합니다.

💡 「を(을/를)」로 해석이 되지만, 「が(이/가)」를 써야 하는 な형용사에 주의!

- ・～が 好きだ ～을/를 좋아하다　　　↔　・～が きらいだ ～을/를 싫어하다
- ・～が 上手だ ～을/를 잘하다(능숙하다)　↔　・～が 下手だ ～을/를 못하다(서투르다)
- ・～が 得意だ ～을/를 잘하다(특기, 장기)　↔　・～が 苦手だ ～을/를 잘 못 하다
　　　　　　　　　　　　　　　　　　　　　　　　(어렵거나 대하기 싫은 것)

· Word ·

便利だ 편리하다　　富士山 후지산　　有名だ 유명하다　　簡単だ 간단하다　　明日 내일

暇だ 한가하다　　真面目だ 성실하다　　あの店 저 가게　　きれいだ 깨끗하다　　このいす 이 의자

楽だ 편안하다　　デジカメ 디카(디지털카메라의 줄임말)　　必要だ 필요하다　　好きだ 좋아하다

歌手 가수　　浅草 아사쿠사　　観光地 관광지　　スリムだ 슬림하다, 날씬하다　　モデル 모델

ハンサムだ 핸섬하다　　親切だ 친절하다　　先輩 선배　　スマートだ 스마트하다

やさしい 상냥하다　　この部屋 이 방　　丈夫だ 튼튼하다, 견고하다

🎧 MP3 29

1 그림을 보고 〈보기〉와 같이 말해 보세요.

・보기・

A : <ruby>先生<rt>せんせい</rt></ruby>は きれいですか。

B1 : はい、とても きれいです。

B2 : いいえ、あまり きれいじゃありません。

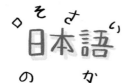

(1) <ruby>日本語<rt>に ほん ご</rt></ruby> / <ruby>簡単<rt>かんたん</rt></ruby>だ

(2) コンビニ / <ruby>便利<rt>べん り</rt></ruby>だ

(3) <ruby>旅行<rt>りょこう</rt></ruby> / <ruby>好<rt>す</rt></ruby>きだ

(4) <ruby>教室<rt>きょうしつ</rt></ruby> / <ruby>静<rt>しず</rt></ruby>かだ

(5) <ruby>今週<rt>こんしゅう</rt></ruby> / <ruby>暇<rt>ひま</rt></ruby>だ

2 그림을 보고 〈보기〉와 같이 말해 보세요.

> **·보기·**
>
> A : どんな 人が 好きですか。
> B1 : 真面目な 人が 好きです。
> B2 : 親切で 真面目な 人が 好きです。

(1) 親切だ

(2) 穏やかだ

(3) ハンサムだ ＋ 立派だ

(4) スリムだ ＋ 優秀だ

·Word· コンビニ 편의점　旅行 여행　教室 교실　静かだ 조용하다　今週 이번 주　暇だ 한가하다
穏やかだ 온화하다　ハンサムだ 핸섬하다, 잘 생겼다　立派だ 훌륭하다
スリムだ 슬림하다, 날씬하다　優秀だ 우수하다

🎧 MP3 30

1 녹음을 듣고 밑줄 친 부분을 채워 보세요.

(1) 私は 日本語＿＿＿ ＿＿＿＿＿＿ 上手＿＿＿＿＿＿＿＿＿＿＿＿。

(2) 彼は ＿＿＿＿＿＿＿＿＿、親切な学生す。

(3) 新宿は ＿＿＿＿＿＿＿＿＿＿＿＿＿です。

2 녹음을 듣고 그림과 일치하면 O, 일치하지 않으면 X해 보세요.

(1)

渡辺

(　　　　　)

(2)

吉村

(　　　　　)

(3)

井上

(　　　　　)

(4)

木村

(　　　　　)

• な형용사 플러스 어휘 •

す　　　　きら
好きだ ↔ 嫌いだ
좋아하다　싫어하다

じょうず　　　へ た
上手だ ↔ 下手だ
잘하다　　못하다

べんり　　　ふ べん
便利だ ↔ 不便だ
편리하다　불편하다

しず　　　　にぎ
静かだ ↔ 賑やかだ
조용하다　번화하다

は で　　　じ み
派手だ ↔ 地味だ
화려하다　수수하다

かんたん　　　ふくざつ
簡単だ ↔ 複雑だ
간단하다　복잡하다

あんぜん
安全だ
안전하다

ひつよう
必要だ
필요하다

じゅうぶん
十分だ
충분하다

ダメだ
안된다

第 9 課

果物の中で 何が一番 好きですか。
과일 중에서 무엇이 제일 맛있습니까?

Key point

猫と 犬と どちらが かわいいですか。	고양이와 강아지 중 어느 쪽이 귀엽습니까?
(果物より)野菜の方が 好きです。	(과일 보다) 야채를 더 좋아합니다.
韓国の中で どこが 一番 有名ですか。	한국 중에서 어디가 가장 유명합니까?

회화

山本（やまもと）　ハンさん、今日（きょう）は お弁当（べんとう）ですか。

ハン　はい、全部（ぜんぶ）果物（くだもの）です。

山本（やまもと）　そうですか。果物（くだもの）の中（なか）で 何（なに）が 一番（いちばん）好（す）きですか。

ハン　ぶどうが 一番（いちばん）好（す）きですね。山本（やまもと）さんは。

山本（やまもと）　私（わたし）は 果物（くだもの）も 好（す）きですが、野菜（やさい）の方（ほう）が 好（す）きです。

ハン　最近（さいきん）野菜（やさい）の中（なか）で 何（なに）が 一番（いちばん）おいしいですか。

山本（やまもと）　かぼちゃです。

Word

- 果物（くだもの）과일
- 一番（いちばん）가장, 제일
- 猫（ねこ）고양이
- 犬（いぬ）개, 강아지
- かわいい 귀엽다

- 野菜（やさい）야채
- 韓国（かんこく）한국
- 有名だ（ゆうめいだ）유명하다
- 今日（きょう）오늘
- お弁当（べんとう）도시락

- 全部（ぜんぶ）전부
- ぶどう 포도
- ～も ～도
- 最近（さいきん）최근
- かぼちゃ 호박

이것만은 꼭꼭

01   ～と ～と どちらが ～ですか ~와/과 ~중 어느 쪽이 ~입니까?

赤と 青と どちらが 好きですか。　　　　　　　빨강과 파랑 중 어느 쪽을 좋아합니까?

スーパーと コンビニと どちらが 便利ですか。　　슈퍼와 편의점 중 어느 쪽이 편리합니까?

ひらがなと カタカナと どちらが 難しいですか。　히라가나와 가타카나 중 어느 쪽이 어렵습니까?

メロンと パイナップルと どちらが 高いですか。　멜론과 파인애플 중 어느 쪽이 비쌉니까?

💡 「どちら」는 '어느 쪽', '어느 것'이라는 뜻의 의문사로 비교 대상이 '사람, 사물, 장소' 등에 상관없이 사용할 수
　　있다. 회화체로 「どっち」를 사용하기도 한다.

02   (～より) ～の方が ～です (~보다) ~이/가 더 ~입니다

(青より)赤の方が 好きです。　　　　　　(파랑 보다) 빨강을 더 좋아합니다.

(スーパーより)コンビニの方が 便利です。　(슈퍼 보다) 편의점이 더 편리합니다.

(ひらがなより)カタカナの方が 難しいです。　(히라가나 보다) 가타카나가 더 어렵습니다.

(パイナップルより)メロンの方が 高いです。　(파인애플 보다) 멜론이 더 비쌉니다.

💡 「～方」는 '~쪽'이라는 뜻이지만, 비교 표현에서는 '~(쪽)이 더', '~가 더'의 의미로 사용된다.

03 ～の中で 何が 一番 ～ですか ～의 중에서 무엇이 가장 ～입니까?

誰	누구
どこ	어디
いつ	언제

日本料理の中で 何が 一番 おいしいですか。 　일본요리 중에서 무엇이 가장 맛있습니까?

クラスの中で 誰が 一番 背が 高いですか。 　반 안에서 누가 가장 키가 큽니까?

ソウルの中で どこが 一番 有名ですか。 　서울에서 어디가 가장 유명합니까?

季節の中で いつが 一番 好きですか。 　계절 중에서 언제를 가장 좋아합니까?

04 ～が 一番 ～です ～이/가 가장 ～합니다

お好み焼きが 一番 おいしいです。 　오코노미야키가 가장 맛있습니다.

山田さんが 一番 背が 高いです。 　야마다 씨가 가장 키가 큽니다.

カンナムが 一番 有名です。 　강남이 가장 유명합니다.

秋が 一番 好きです。 　가을을 가장 좋아합니다.

・Word・ 赤 빨강　青 파랑　便利だ 편리하다　難しい 어렵다　メロン 멜론　パイナップル 파인애플
高い 비싸다　好きだ 좋아하다　日本料理 일본요리　クラス 반　背が 高い 키가 크다
ソウル 서울　有名だ 유명하다　季節 계절　お好み焼き 오코노미야키　カンナム 강남
秋 가을

🎧 MP3 32

1 그림을 보고 〈보기〉와 같이 말해 보세요.

> **보기**
>
> A : ソウルと 東京と どちらが 寒いですか。
> B : (東京より)ソウルの 方が 寒いです。

(1) 夏 / 冬 / 好きだ

(2) バス / 地下鉄 / 速い

(3) 土曜日 / 日曜日 / 暇だ

(4) サッカー / 野球 / 上手だ

(5) 日本語 / 英語 / 易しい

2 그림을 보고 〈보기〉와 같이 말해 보세요.

> **보기**
>
> A : 果物の中で 何が 一番 好きですか。
> B : いちごが 一番 好きです。

(1) 一週間 / 忙しい / 月曜日

(2) 会社 / 真面目だ / 山口

(3) 色 / 好きだ / ピンク

(4) 山 / 高い / 富士山

・Word・ 東京 도쿄　寒い 춥다　夏 여름　冬 겨울　バス 버스　地下鉄 지하철　速い 빠르다
土曜日 토요일　日曜日 일요일　暇だ 한가하다　サッカー 축구　野球 야구　上手だ 잘하다
易しい 쉽다　果物 과일　いちご 딸기　一週間 일주일　忙しい 바쁘다　月曜日 월요일
真面目だ 성실하다　色 색　ピンク 핑크　山 산　高い 높다　富士山 후지산

1 녹음을 듣고 밑줄 친 부분을 채워 보세요.

(1) 果物の中で ＿＿＿＿＿＿＿＿＿好きですか。

（くだもの）（なか）（す）

(2) オレンジ＿＿＿ バナナ＿＿＿ ＿＿＿＿＿甘いですか。

（あま）

(3) スーパー＿＿＿＿コンビニ＿＿＿＿近いです。

（ちか）

2 녹음을 듣고 어떤 스포츠를 좋아하는지 찾아보세요.

山本：＿＿＿＿＿＿＿　　　小林：＿＿＿＿＿＿＿　　　ハン：＿＿＿＿＿＿＿

（やまもと）　　　　　　　（こばやし）

①

②

③

④

• 가장 좋아하는 계절은 언제인가요? •

^{きせつ}季節 계절

^{はる}春 봄

^{なつ}夏 여름

^{あき}秋 가을

^{ふゆ}冬 겨울

^{いろ}色 색

^{しろいろ}白色
흰색

^{くろいろ}黒色
검은색

^{きいろ}黄色
노란색

^{みどりいろ}緑色
녹색

^{ちゃいろ}茶色
갈색

^{やさい}野菜 야채

じゃがいも
감자

きゅうり
오이

かぼちゃ
호박

とうがらし
고추

れんこん
연근

^{くだもの}果物 과일

もも
복숭아

みかん
귤

ぶどう
포도

なし
배

グレープフルーツ
자몽

マスカット
청포도

スポーツ 스포츠

スキー
스키

スノーボード
스노보드

^{やまのぼ}山登り
등산

バスケットボール
농구

サーフィン
서핑

ボウリング
볼링

第 **10** 課

<ruby>何<rt>なん</rt></ruby><ruby>人<rt>にん</rt></ruby><ruby>家<rt>か</rt></ruby><ruby>族<rt>ぞく</rt></ruby>ですか。

가족은 몇 명입니까?

Key point

ハンさんは <ruby>何<rt>なん</rt></ruby><ruby>人<rt>にん</rt></ruby><ruby>家<rt>か</rt></ruby><ruby>族<rt>ぞく</rt></ruby>ですか。	한 씨 가족은 몇 명입니까?
<ruby>4<rt>よ</rt></ruby><ruby>人<rt>にん</rt></ruby><ruby>家<rt>か</rt></ruby><ruby>族<rt>ぞく</rt></ruby>です。	가족은 4명입니다.
<ruby>妹<rt>いもうと</rt></ruby> しか いません。	여동생밖에 없습니다.

🎧 MP3 34

中村　ハンさんは 何人家族ですか。

ハン　3人しかいません。

父と 母と 私です。

中村　そうですか。ハンさんは 一人っ子ですね。

ハン　はい、そうです。中村さんは。

中村　4人家族です。

父と 母と 妹が います。

ハン　2人姉妹ですね。

Word

▫ 何人家族 가족은 몇 명　　▫ 一人っ子 외둥이, 독자　　▫ 姉妹 자매

💡 何人家族 : 한국어에는 없는 독특한 표현으로, 家族は何人ですか라고 해도 의미는 통하지만, 일본어다운 표현은
「何人家族ですか。」이다.

이것만은 꼭꼭

01 가족관계

| 우리 가족 |
| 남의 가족 |

そ ふ
祖父 할아버지
じ い
お祖父さん

そ ぼ
祖母 할머니
ば あ
お祖母さん

ちち
父 아버지
とう
お父さん

はは
母 어머니
かあ
お母さん

あに
兄 형/오빠
にい
お兄さん

あね
姉 언니/누나
ねえ
お姉さん

わたし
私 나

おとうと
弟 남동생
おとうと
弟さん

いもうと
妹 여동생
いもうと
妹さん

つま かない
妻/家内 아내
おく
奥さん

おっと しゅじん
夫/主人 남편
しゅじん
ご主人

むす こ
息子 아들
むすこ
息子さん

むすめ
娘 딸
むすめ
娘さん

02 조수사(사람)

~人
~명

	1人	2人	3人	4人	5人
	ひとり	ふたり	さんにん	よにん	ごにん
	6人	7人	8人	9人	10人
	ろくにん	しちにん	はちにん	きゅうにん	じゅうにん

03 **～しか いません / ありません** ~밖에 없습니다

弟は 一人しか いません。 남동생은 한 명밖에 없습니다.

私には あなたしか いません。 나에게는 당신밖에 없습니다.

お金は これしか ありません。 돈은 이것밖에 없습니다.

今 1,000円しか ありません。 지금 1,000엔 밖에 없습니다.

· Word · お金 돈　今 지금　1,000円 1,000엔

🎧 MP3 35

1 그림을 보고 〈보기〉와 같이 말해 보세요.

・보기・
A : 何人家族ですか。
B : 4人家族です。
　　父と 母と 姉が います。

(1)　4人 / 父・母・兄

(2)　5人 / 祖父・父・母・妹

(3)　3人 / 妻・息子

(4)　4人 / 主人・娘が 2人

(5)　5人 / 母・妻・息子・娘

2 그림을 보고 〈보기〉와 같이 말해 보세요.

> **・보기・**
>
> A1 : りんごは いくつ ありますか。
>
> B1 : りんごは 1つしか ありません。
>
> A2 : 妹(いもうと)は 何人(なんにん) いますか。
>
> B2 : 妹(いもうと)は 一人(ひとり)しか いません。

(1) いちご / いくつ / 2つ(ふた)

(2) お金(かね) / いくら / 100円(ひゃく えん)

(3) 日本人(に ほんじん) / 何人(なんにん) / 2人(ふたり)

(4) 子ども(こ) / 何人(なんにん) / 娘(むすめ) 1人(ひとり)

・Word・ 何人(なんにん) 몇 명 家族(かぞく) 가족 りんご 사과 いくつ 몇 개 1つ(ひと) 1개 いちご 딸기 2つ(ふた) 2개
いくら 얼마 100円(ひゃくえん) 100엔 何人(なんにん) 몇 명 子ども(こ) 아이, 자식

1 　녹음을 듣고 밑줄 친 부분을 채워 보세요.

(1) 部屋の中に＿＿＿＿＿＿＿＿＿＿＿＿。

(2) キムさんの ＿＿＿＿＿＿＿ は どんな 人ですか。

(3) 田中さんは＿＿＿＿＿＿＿＿＿＿＿ですか。

2 　녹음을 듣고 스즈키 상의 가족을 바르게 설명한 그림을 하나 고르세요.

(1)

(2)

(3)

(4)

• 집 구조 소개하기 •

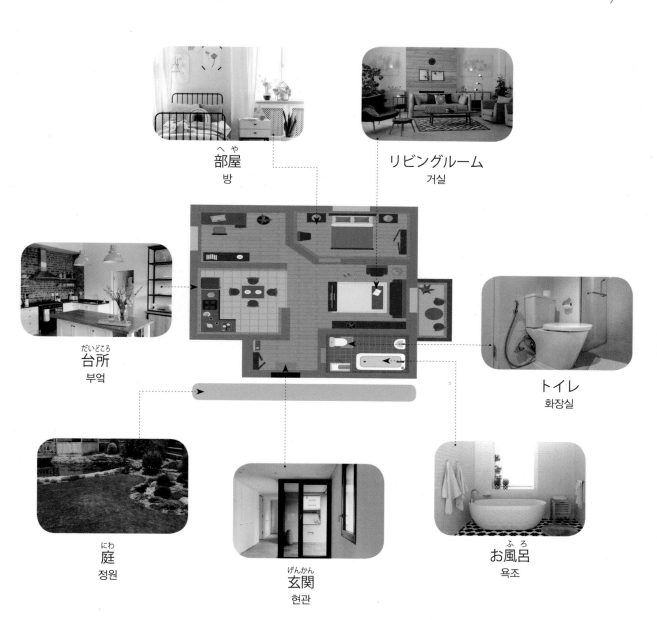

へ や
部屋
방

リビングルーム
거실

だいどころ
台所
부엌

トイレ
화장실

にわ
庭
정원

げんかん
玄関
현관

ふ ろ
お風呂
욕조

昨日は忙しかったです。

어제는 바빴습니다.

Key point

英語のテストは 難しかったです。	영어 시험은 어려웠습니다.
週末は あまり 忙しくなかったです。	주말은 별로 바쁘지 않았습니다.
沖縄の 天気は とても よかったです。	오키나와 날씨는 매우 좋았습니다.

🎧 MP3 37

中村　最近、忙しいですか。

ハン　ええ、今週 テスト期間だから、

ちょっと 忙しかったです。

中村　そうですか。

日本語のテストは 難しかったですか。

ハン　いいえ、日本語のテストは 難しくなかったですが、

英語のテストが ちょっと 難しかったです。

中村　私も 昨日 面接で、忙しかったです。

Word

- 昨日 어제
- 忙しい 바쁘다
- 英語 영어
- テスト 시험, 테스트
- 難しい 어렵다

- 週末 주말
- あまり 그다지, 별로
- 沖縄 오키나와
- 天気 날씨
- とても 매우

- 最近 최근, 요즘
- 今週 이번 주
- 期間 기간
- ちょっと 조금
- 面接 면접

이것만은 꼭꼭

01 い형용사의 과거형

	い형용사의 과거형	예	
보통형	〜ⓘ＋かった	おいしかった。	맛있었다.
정중형	〜ⓘ＋かったです	おいしかったです。	맛있었습니다.

日本旅行は 楽しかったです。　　　　　　　일본 여행은 즐거웠습니다.

テストは 難しかったです。　　　　　　　시험은 어려웠습니다.

北海道は 寒かったです。　　　　　　　　홋카이도는 추웠습니다.

天気は とても よかったです。　　　　　　날씨는 매우 좋았습니다.

💡 いい / よい(좋다) 주의!
　　いかったです（X）　よかったです（O）

02 い형용사 과거 부정형

	い형용사의 과거 부정형	예	
보통형	〜ⓘ＋くなかった	おいしくなかった。	맛있지 않았다.
정중형	〜ⓘ＋くなかったです くありませんでした	おいしくなかったです。 おいしくありませんでした。	맛있지 않았습니다.

週末は 忙しくなかったです。　　　　　　　주말은 바쁘지 않았습니다.

会社は あまり 遠くなかったです。　　　　회사는 별로 멀지 않았습니다.

面接は 難しくありませんでした。　　　　면접은 어렵지 않았습니다.

昨日の天気は よくありませんでした。　　어제 날씨는 좋지 않았습니다.

💡 いい / よい(좋다) 주의!
　　いくなかったです（X）　よくなかったです（O） / よくありませんでした（O）

03　**～から** ～이니까, ～이기 때문에

日本のドラマは おもしろいから、好きです。　일본 드라마는 재미있기 때문에, 좋아합니다.

ここは 有名だから、人が 多いです。　여기는 유명하기 때문에, 사람이 많습니다.

この刺身は 新鮮だから、おいしいです。　이 회는 신선하기 때문에, 맛있습니다.

💡 접속에 주의!

い형용사 : ～い + から

な형용사/명사 : ～だ + から

04　**시제 표현**

昨日 어제	今日 오늘	明日 내일
先週 지난주	今週 이번 주	来週 다음 주
先月 지난달	今月 이번 달	来月 다음 달
去年・昨年 작년	今年 올해	来年 내년

・Word・ 日本旅行 일본 여행　楽しい 즐겁다　テスト 시험, 테스트　難しい 어렵다　寒い 춥다
天気 날씨　とても 매우　週末 주말　忙しい 바쁘다　会社 회사　あまり 그다지, 별로
遠い 멀다　面接 면접　昨日 어제　おもしろい 재미있다　好きだ 좋아하다　有名だ 유명하다
人 사람　多い 많다　刺身 회　新鮮 신선하다

🎧 MP3 38

1 그림을 보고 〈보기〉와 같이 말해 보세요.

> **・보기・**
> 日本は 暑かったです。
> に ほん　　あつ

(1) 金曜日 / 仕事が多い
きんようび　し ごと　おお

(2) 今日のテスト / 難しい
きょう　　　　　　むずか

(3) 先週 / 忙しい
せんしゅう　いそが

(4) ディズニーランド / ホテルから近い
ちか

(5) デパートのサービス / いい

2 그림을 보고 〈보기〉와 같이 말해 보세요.

> **・보기・**
>
> A : 昨日(きのう)は 暑(あつ)かったですか。
>
> B : いいえ、暑(あつ)くなかったです。
>
> （＝暑(あつ)くありませんでした）

(1) このケータイ / 高(たか)い

(2) 面接(めんせつ) / 難(むずか)しい

(3) アイスクリーム / 甘(あま)い

(4) 温泉旅行(おんせんりょこう) / いい

・Word・
金曜日(きんようび) 금요일　仕事(しごと) 일　多(おお)い 많다　難(むずか)しい 어렵다　先週(せんしゅう) 지난주　忙(いそが)しい 바쁘다
ディズニーランド 디즈니랜드　～から ～부터, ～에서　近(ちか)い 가깝다　デパート 백화점
サービス 서비스　いい 좋다　昨日(きのう) 어제　暑(あつ)い 덥다　このケータイ 이 휴대폰　高(たか)い 비싸다
面接(めんせつ) 면접　アイスクリーム 아이스크림　甘(あま)い 달다　温泉旅行(おんせんりょこう) 온천 여행

聞き 取り

🎧 MP3 39

1 녹음을 듣고 밑줄 친 부분을 채워 보세요.

(1) _____ は _____ です。

(2) 今日の _____ は _____ 。

(3) 週末は 天気が あまり _____ 。

2 녹음을 듣고 그림과 일치하면 O, 일치하지 않으면 X해 보세요.

(1)

(   )

(2)

(   )

(3)

(   )

(4)

(   )

• い형용사 플러스 어휘 (2) •

重い(おも)	무겁다	優しい(やさ)	상냥하다, 친절하다
軽い(かる)	가볍다	うらやましい	부럽다
深い(ふか)	깊다	恥ずかしい(は)	부끄럽다
太い(ふと)	굵다	悔しい(くや)	억울하다, 분하다
強い(つよ)	강하다	寂しい(さび)	쓸쓸하다, 외롭다
弱い(よわ)	약하다	面倒くさい(めんどう)	귀찮다
新しい(あたら)	새롭다	冷たい(つめ)	냉정하다
古い(ふる)	오래되다, 낡다	惜しい(お)	아깝다, 애석하다
甘い(あま)	달다	悲しい(かな)	슬프다
苦い(にが)	쓰다	嬉しい(うれ)	기쁘다
大きい(おお)	크다	しつこい	끈질기다, 집요하다
小さい(ちい)	작다	ずうずうしい	뻔뻔하다
広い(ひろ)	넓다	大人しい(おとな)	얌전하다
せまい	좁다	おかしい	이상하다

暖かい(あたた)
따뜻하다

暑い(あつ)
덥다

涼しい(すず)
서늘하다

寒い(さむ)
춥다

先週は暇じゃありませんでした。

せんしゅう ひま

지난주는 한가하지 않았습니다.

Key point

先週は 暇でしたか。 せんしゅう ひま	지난주는 한가했습니까?
新しい仕事は あまり 大変じゃありませんでした。 あたら しごと たいへん	새로운 일은 그다지 힘들지 않았습니다.
今日は クリスマスですけど、休みじゃありません。 きょう やす	오늘은 크리스마스이지만, 휴일이 아닙니다.

🎧 MP3 40

ハン　先週は 暇でしたか。

中村　いいえ、暇じゃありませんでした。

　　　とても 忙しかったです。

ハン　あ、期末テスト期間でしたね。

　　　韓国語のテストは どうでしたか。

中村　中間テストは 大変でしたけど、

　　　期末テストは 大丈夫でした。

ハン　そりゃ よかったですね。

Word

- 先週 지난주
- 暇だ 한가하다
- 新しい仕事 새로운 일
- 大変だ 힘들다
- 今日 오늘
- クリスマス 크리스마스

- 休み 휴일, 휴가
- とても 매우
- 忙しい 바쁘다
- 期末 기말
- テスト 시험, 테스트
- 期間 기간

- 韓国語 한국어
- どうでしたか 어땠습니까?
- 中間 중간
- 大丈夫だ 괜찮다
- そりゃ 그건 (それは의 회화체)
- よかったですね 다행이군요

이것만은 꼭꼭

01 な형용사/명사의 과거형

	な형용사/명사의 과거형	예	
보통형	～(だ) + だった	便利だった。	편리했다.
		学生だった。	학생이었다.
정중형	～(だ) + でした	便利でした。	편리했습니다.
		学生でした。	학생이었습니다.

引っ越しは 大変でした。　　　　　　　이사는 힘들었습니다.

木村さんは 親切でした。　　　　　　　기무라 씨는 친절했습니다.

昨日は 休みでした。　　　　　　　　　어제는 휴일이었습니다.

セールは 昨日まででした。　　　　　　세일은 어제까지였습니다.

💡 便利だったです（X）　学生だったです（X）

02 な형용사/명사의 과거 부정형

	な형용사/명사의 과거 부정형	예	
보통형	～(だ) + じゃなかった	便利じゃなかった。	편리하지 않았다.
		学生じゃなかった。	학생이 아니었다.
정중형	～(だ) + じゃありませんでした じゃなかったです	便利じゃありませんでした。 편리하지 않았습니다. 学生じゃありませんでした。 학생이 아니었습니다.	

先週は 暇じゃありませんでした。

지난주는 한가하지 않았습니다.

期末テストは 簡単じゃありませんでした。

기말시험은 간단하지 않았습니다.

彼は お金持ちじゃありませんでした。

그는 부자가 아니었습니다.

トマトは 果物じゃありませんでした。

토마토는 과일이 아니었습니다.

---

03 **〜けど** 〜지만, 〜다만

牛肉は 好きですけど、豚肉は あまり 好きじゃありません。

소고기는 좋아하지만, 돼지고기는 그다지 좋아하지 않습니다.

昨日は 少し 暑かったですけど、今日は あまり 暑くありませんね。

어제는 조금 더웠습니다만, 오늘은 별로 덥지 않군요.

富士山は 大変でしたけど、景色は とても よかったです。

후지산은 힘들었습니다만, 경치는 매우 좋았습니다.

💡 「〜けど」는 「〜が」와 같은 의미이지만, 회화에서 주로 사용한다.

• Word • 引っ越し 이사　大変だ 힘들다　親切だ 친절하다　昨日 어제　休み 휴일, 휴가　セール 세일
〜まで 〜까지　先週 지난주　暇だ 한가하다　期末 기말　簡単だ 간단하다　彼 그
お金持ち 부자　トマト 토마토　果物 과일　牛肉 소고기　豚肉 돼지고기　好きだ 좋아하다
少し 조금　暑い 덥다　今日 오늘　あまり 그다지, 별로　景色 경치　とても 매우

🎧 MP3 41

1 그림을 보고 〈보기〉와 같이 말해 보세요.

> ·보기·
>
> <u>このレストラン</u>は きれいでした。

(1) 先月 / 暇だ
<small>せんげつ　ひま</small>

(2) 新しい仕事 / 大変だ
<small>あたら　しごと　たいへん</small>

(3) 新幹線 / 便利だ
<small>しんかんせん　べんり</small>

(4) 昨日から / 雨
<small>きのう　あめ</small>

(5) 高校の先生 / 親切な人
<small>こうこう　せんせい　しんせつ　ひと</small>

2 그림을 보고 〈보기〉와 같이 말해 보세요.

> **・보기・**
> A : 先週は 暇でしたか。
> B : いいえ、暇じゃありませんでした。
> 　　（＝暇じゃなかったです）

(1)　テスト / 簡単だ

(2)　あの歌手 / 有名だ

(3)　イさん / 真面目な人

(4)　あそこ / 有名な観光地

・Word・
このレストラン 이 레스토랑　きれいだ 깨끗하다　先月 지난달　新しい仕事 새로운 일
大変だ 힘들다　新幹線 신칸센　便利だ 편리하다　昨日 어제　雨 비　高校の先生 고교 선생님
親切な人 친절한 사람　テスト 시험, 테스트　歌手 가수　有名だ 유명하다
真面目な人 성실한 사람　あそこ 저기　有名な観光地 유명한 관광지

🎧 MP3 42

1 녹음을 듣고 밑줄 친 부분을 채워 보세요.

(1) 先週は＿＿＿＿＿＿＿＿＿＿＿＿＿。
　　せんしゅう

(2) 納豆は＿＿＿＿＿＿＿＿＿＿＿＿＿＿＿。
　　なっとう

(3) 昨日は クリスマス＿＿＿＿＿＿、休み＿＿＿＿＿＿＿＿＿＿＿＿＿＿。
　　きのう　　　　　　　　　　　　　　　　やす

2 녹음을 듣고 그림과 일치하면 O, 일치하지 않으면 X해 보세요.

(1)

(　　　　　)

(2)

(　　　　　)

(3)

(　　　　　)

(4)

(　　　　　)

一休み **문화 톡톡**

• 일본의 다양한 축제 •

● 青森 ねぶた祭 아오모리 네부타 마츠리

동북지방 3대 마츠리 중 하나인 '네부타 마츠리'는 아오모리 지역에서 매년 8월 초에 개최된다. 대나무에 매단 여러 개의 등과 거대한 종이 인형으로 꾸민 커다란 수레를 '네부타(ねぶた)'라고 하며, 거대한 등롱(燈籠)을 수레에 싣고 거리를 행진하는 행사이다. 일반 시민들도 의상을 갖춰 입기만 하면 누구든 참가할 수 있고, '랏세(ラッセー)'라는 구호를 외치며 네부타 수레를 따라가며 마츠리를 즐긴다.

● 京都 祇園祭 교토 기온 마츠리

교토의 '기온 마츠리'는 도쿄 '간다 마츠리'와 오사카 '텐진 마츠리'와 더불어 일본의 3대 축제 중하나로 꼽히며 교토의 기온 지역 및 교토 시내에서 매년 7월 한 달간 열리는 민속 축제이다. 일본 전역에서 발생한 전염병을 퇴치하기 위해 제를 지내고 기도를 드린 것에서 비롯되었다고 전해진다. 국민들의 건강을 기원하는 축제로 천년 넘게 이어지고 있다.

● 大阪 天神祭 오사카 텐진 마츠리

오사카에서 매년 7월 24일과 25일에 걸쳐 개최되는 일본의 3대 마츠리 중 하나이며 1,000년 이상의 역사를 가진 오사카를 대표하는 선상(船上) 마츠리이다. 100여 척의 화려한 배가 왕래하는 후나토교(船渡御)가 가장 유명하며, 매년 130만 명이 찾아올 정도로 약 5,000발의 불꽃을 볼 수 있는 환상적인 장관이 펼쳐진다.

お誕生日は いつですか。
たんじょう び

생일은 언제입니까?

何月何日ですか。 *なんがつなんにち*	몇 월 며칠입니까?
今週の日曜日です。 *こんしゅう にちよう び*	이번 주 일요일입니다.
夏休みは 1日から 4日までです。 *なつやす ついたち よっか*	여름휴가는 1일부터 4일까지입니다.

🎧 MP3 43

中村（なかむら）　ハンさん、お誕生日（たんじょうび）は いつですか。

ハン　１２月２４日（じゅうにがつにじゅうよっか）、今週（こんしゅう）の 土曜日（どようび）です。

中村（なかむら）　え、 クリスマスイブですね。

私（わたし）の 誕生日（たんじょうび）も 今週（こんしゅう）でした。

ハン　本当（ほんとう）ですか。いつでしたか。

中村（なかむら）　２０日（はつか）、火曜日（かようび）でした。

ハン　へえ、チェさんの 誕生日（たんじょうび）と 同（おな）じですね。

Word

▫ いつ 언제
▫ お誕生日（たんじょうび） 생일
▫ 今週（こんしゅう） 이번 주

▫ 土曜日（どようび） 토요일
▫ クリスマスイブ 크리스마스이브

▫ 本当（ほんとう） 정말
▫ 同（おな）じだ 같다

이것만은 꼭꼭

01 날짜

• 何月^{なんがつ}ですか。 몇 월입니까?

| いちがつ
1月 | さんがつ
3月 | ごがつ
5月 | しちがつ
7月 | くがつ
9月 | じゅういちがつ
11月 |
| にがつ
2月 | しがつ
4月 | ろくがつ
6月 | はちがつ
8月 | じゅうがつ
10月 | じゅうにがつ
12月 |

• 何日^{なんにち}/何曜日^{なんようび}ですか。 며칠/무슨 요일입니까?

日曜日 にちようび	月曜日 げつようび	火曜日 かようび	水曜日 すいようび	木曜日 もくようび	金曜日 きんようび	土曜日 どようび
		1 ついたち	2 ふつか	3 みっか	4 よっか	5 いつか
6 むいか	7 なのか	8 ようか	9 ここのか	10 とおか	11 じゅう いちにち	12 じゅう ににち
13 じゅう さんにち	14 じゅう よっか	15 じゅう ごにち	16 じゅう ろくにち	17 じゅう しちにち	18 じゅう はちにち	19 じゅう くにち
20 はつか	21 にじゅう いちにち	22 にじゅう ににち	23 にじゅう さんにち	24 にじゅう よっか	25 にじゅう ごにち	26 にじゅう ろくにち
27 にじゅう しちにち	28 にじゅう はちにち	29 にじゅう くにち	30 さんじゅう にち	31 さんじゅう いちにち		

02 　**いつですか** 언제입니까?

お誕生日は いつですか。 　　　　　　　　생일은 언제입니까?

出張は いつからですか。 　　　　　　　　출장은 언제부터입니까?

夏休みは いつまでですか。 　　　　　　　여름휴가는 언제까지입니까?

03 　**何の〜** 무슨 〜

何の番組ですか。 　　　　　　　　　무슨 (방송) 프로그램입니까?

何の本ですか。 　　　　　　　　　　무슨 책입니까?

何の展示会ですか。 　　　　　　　　무슨 전시회입니까?

💡 　何の : 무슨(what) / どんな : 어떤(how)

・Word ・ 　お誕生日 생일　　出張 출장　　夏休み 여름휴가, 여름방학　　〜から 〜부터　　〜まで 〜까지
番組 (방송) 프로그램　　展示会 전시회

1　달력을 보고 〈보기〉와 같이 연습해보고 다른 날짜도 다양하게 말해 보세요.

> **보기**
>
> A : 今日(きょう)は 何月何日(なんがつなんにち)ですか。
>
> B : <u>4月 6日(しがつ むいか)</u>です。

しがつ
4月

日	月	火	水	木	金	土
3	4	5	6	7	8	9

(1)　4月 3日　　　　　　　　　　(2)　4月 8日

くがつ
9月

日	月	火	水	木	金	土
14	15	16	17	18	19	20

(3)　9月 1 4日　　　　　　　　　　(4)　9月 1 9日

2 그림을 보고 〈보기〉와 같이 말해 보세요.

> **보기**
>
> A : 1月1日(いちがつついたち)は 何(なん)の日(ひ)ですか。
>
> B : 1月1日は お正月(しょうがつ)です。

(1) 2月14日 / バレンタインデー

(2) 3月14日 / ホワイトデー

(3) 5月4日 / みどりの日(ひ)

(4) 5月5日 / 子(こ)どもの日(ひ)

・Word・ 何(なん)の日(ひ) 무슨 날 お正月(しょうがつ) 정월 バレンタインデー 밸런타인데이 ホワイトデー 화이트데이
みどりの日(ひ) 녹색의 날 子(こ)どもの日(ひ) 어린이날

MP3 45

1　녹음을 듣고 밑줄 친 부분을 채워 보세요.

(1) テストは＿＿＿＿＿＿から＿＿＿＿＿＿までです。

(2) 今週の<ruby>今週<rt>こんしゅう</rt></ruby>＿＿＿＿＿＿から 夏休み<ruby>夏休<rt>なつやす</rt></ruby>です。

(3) 私の<ruby>私<rt>わたし</rt></ruby>誕生日<ruby>誕生日<rt>たんじょうび</rt></ruby>は＿＿＿＿＿＿＿＿です。

2　녹음을 듣고 그림과 일치하면 O, 일치하지 않으면 X해 보세요.

木	金	土	日	月	火	水
4/29	4/30	5/1	5/2	5/3	5/4	5/5
昭和の日				憲法記念日	みどりの日	子どもの日

ゴールデンウィーク

(1) (O / X)　　　　　(2) (O / X)

(3) (O / X)　　　　　(4) (O / X)

• Word •　昭和の日 쇼와의 날　憲法記念日 헌법기념일　みどりの日 녹색의 날　子どもの日 어린이날

· 띠와 별자리 ·

干支(えと) 띠

子年(ねずみどし) 쥐띠

丑年(うしどし) 소띠

寅年(とらどし) 호랑이띠

卯年(うさぎどし) 토끼띠

辰年(たつどし) 용띠

巳年(へびどし) 뱀띠

午年(うまどし) 말띠

未年(ひつじどし) 양띠

申年(さるどし) 원숭이띠

酉年(とりどし) 닭띠

戌年(いぬどし) 개띠

亥年(いのししどし) 돼지띠

星座(せいざ) 별자리

12/22～1/19
山羊座(やぎざ) 염소자리

1/20～2/18
水瓶座(みずがめざ) 물병자리

2/19～3/20
魚座(うおざ) 물고기자리

3/21～4/19
牡羊座(おひつじざ) 양자리

4/20～5/20
牡牛座(おうしざ) 황소자리

5/21～6/21
双子座(ふたござ) 쌍둥이자리

6/22～7/22
蟹座(かにざ) 게자리

7/23～8/22
獅子座(ししざ) 사자자리

8/23～9/22
乙女座(おとめざ) 처녀자리

9/23～10/23
天秤座(てんびんざ) 천칭자리

10/24～11/22
蠍座(さそりざ) 전갈자리

11/23～12/21
射手座(いてざ) 궁수자리

부|록

01課　はじめまして。 처음 뵙겠습니다.

나카무라	처음 뵙겠습니다. 나카무라입니다.
한	처음 뵙겠습니다. 한 민준입니다.
	잘 부탁합니다.
나카무라	저야말로 잘 부탁합니다.
	한 씨는 중국인입니까?
한	아니요, 중국인이 아닙니다.
	한국인입니다. 나카무라 씨는요?
나카무라	저는 일본인이고, 회사원입니다.

02課　これはなんですか。 이것은 무엇입니까?

나카무라	한 씨, 오랜만입니다.
	그것은 무엇입니까?
한	이것(말)입니까? 저의 휴대폰입니다.
나카무라	아~, 그건 무슨 앱입니까?
한	쇼핑 앱입니다.
나카무라	한국 앱입니까?
한	네, 한국 것입니다.

03課　9時から4時までです。 9시부터 4시까지입니다.

프런트	동경호텔입니다.
한	저, 와인 바는 몇 시까지입니까?
프런트	11시까지입니다.
한	그렇습니까?
	그럼, 조식은 몇 시부터 몇 시까지입니까?
프런트	6시 반부터 10시까지입니다.
한	감사합니다.

04課　そのパンはいくらですか。 그 빵은 얼마입니까?

점원	어서 오세요.
한	저, 실례합니다. 이 케이크, 얼마입니까?
점원	300엔입니다.
한	그럼, 저는 커피와 케이크로 하겠습니다.
	나카무라 씨는요?
나카무라	저도요.
한	그럼, 커피랑 케이크 한 개씩 주세요.
	아, 이 푸딩도 한 개 부탁합니다.

05課　この近くにバス停があります。 이 근처에 버스정류장이 있습니다.

나카무라	죄송한데요. 버스정류장은 어디입니까?
한	버스정류장이요? 아, 저기입니다.
	서점 근처에 있습니다.
나카무라	감사합니다.
	서점 근처에 카페도 있습니까?
한	아니요, 카페는 없습니다.
	카페는 역 1층에 있습니다.
나카무라	그렇습니까? 감사합니다.

06課　私は駅の前にいます。 저는 역 앞에 있습니다.

나카무라	선배, 지금 어디입니까?
선배	저는 역 앞에 있습니다.
나카무라	아, 역 앞이오?
선배	네, 그렇습니다. 나카무라 씨는 어디입니까?
나카무라	역 옆 편의점입니다.
	바로 가겠습니다.

07課 ちょっと高い(たか)いですね。 조금 비싸군요.

나카무라	한 씨, 어떤 케이크가 좋습니까?
한	딸기가 많은 케이크가 좋습니다.
나카무라	딸기 케이크요?
	그럼, 이 생딸기 케이크는 어떻습니까?
	560엔입니다.
한	560엔? 조금 비싸군요.
나카무라	그렇습니까? 그럼, 이것은 어떻습니까?
	320엔입니다.
한	아, 별로 비싸지 않군요.
	저는 그걸로 하겠습니다.

08課 どんなタイプが好(す)きですか。 어떤 타입을 좋아합니까?

나카무라	와~, 이 사람은 누구입니까? 여자친구입니까?
한	네, 그렇습니다.
나카무라	우와~, 부럽네요.
	여자친구는 어떤 사람입니까?
한	날씬하고 예쁜 사람입니다.
	나카무라 씨는 어떤 타입(스타일)을 좋아합니까?
나카무라	저는 잘생기고 친절한 사람을 좋아합니다.

09課 果物(くだもの)の中(なか)で何(なに)が一番(いちばん) 好(す)きですか。 과일 중에서 무엇이 제일 맛있습니까?

야마모토	한 씨, 오늘은 도시락입니까?
한	네, 전부 과일입니다.
야마모토	그렇습니까? 과일 중에서 무엇을 가장 좋아합니까?
한	포도를 가장 좋아합니다. 야마모토 씨는요?
야마모토	저는 과일도 좋아하지만, 야채를 더 좋아합니다.
한	최근에 야채 중에서 무엇이 가장 맛있습니까?
야마모토	호박입니다.

10課 何人家族(なんにんかぞく)ですか。 가족은 몇 명입니까?

| 나카무라 | 한 씨 가족은 몇 명입니까? |
| 한 | 3명밖에 없습니다. 아버지와 어머니와 저입니다. |

나카무라	그렇습니까? 한 씨는 외동이군요.
한	네, 그렇습니다. 나카무라 씨는요?
나카무라	4명(가족)입니다.
	아버지와 어머니와 여동생이 있습니다.
한	자매가 둘이군요.

11課 昨日(きのう)は忙(いそが)しかったです。 어제는 바빴습니다.

나카무라	요즘, 바쁩니까?
한	네, 이번 주 시험 기간이라, 조금 바빴습니다.
나카무라	그렇습니까?
	일본어 시험은 어려웠습니까?
한	아니요, 일본어 시험은 어렵지 않았습니다만,
	영어 시험이 조금 어려웠습니다.
나카무라	저도 어제 면접 때문에, 바빴습니다.

12課 先週(せんしゅう)は暇(ひま)じゃありませんでした。 지난주는 한가하지 않았습니다.

한	지난주는 한가했습니까?
나카무라	아니요, 한가하지 않았습니다.
	매우 바빴습니다.
한	아, 기말시험 기간이었죠.
	한국어 시험은 어땠습니까?
나카무라	중간시험은 힘들었지만,
	기말시험은 괜찮았습니다.
한	그거 다행이군요.

13課 お誕生日(たんじょうび)はいつですか。 생일은 언제입니까?

나카무라	한 씨, 생일은 언제입니까?
한	12월 24일, 이번 주 토요일입니다.
나카무라	어, 크리스마스이브이군요.
	저의 생일도 이번 주였습니다.
한	정말입니까? 언제였습니까?
나카무라	20일, 화요일이었습니다.
한	우와, 최 씨 생일과 같군요.

1

はじめまして。 처음 뵙겠습니다.

입에 착착

1 🎧08

(1) A : 鈴木さんは 銀行員ですか。

B1 : はい、銀行員です。

B2 : いいえ、銀行員じゃ ありません。
医者です。

(2) A : チェさんは 中学生ですか。

B1 : はい、中学生です。

B2 : いいえ、中学生じゃ ありません。
高校生です。

(3) A : ワンさんは 日本人ですか。

B1 : はい、日本人です。

B2 : いいえ、日本人 じゃ ありません。
中国人です。

(4) A : マリさんは フランス人ですか。

B1 : はい、フランス人です。

B2 : いいえ、フランス人 じゃ ありません。
ロシア人です。

(5) A : アンさんは モデルですか。

B1 : はい、モデルです。

B2 : いいえ、モデルじゃ ありません。
エンジニアです。

2

(1) 鈴木さんは 日本人で、高校生です。

(2) ワンさんは 中国人で、医者です。

(3) マリさんは フランス人で、銀行員です。

(4) アンさんは ベトナム人で、エンジニアです。

귀에 쏙쏙

1 🎧09

(1) はじめまして。イ・スミです。
どうぞよろしくお願いします。

(2) A : ハンさんは 中国人ですか。

B : いいえ、中国人じゃ ありません。
韓国人です。

(3) わたしは 日本人で、会社員です。

2

(1) ○   (2) ×   (3) ○   (4) ×

(1) 私は 日本人で、医者です。

(2) 私は アメリカ人で、モデルです。

(3) 私は イギリス人で、主婦です。

(4) 私は イタリア人で、銀行員です。

2

これはなんですか。 이것은 무엇입니까?

입에 착착

1 🎧11

(1) A : これは 何_{なん}ですか。

   B : それは ミルクです。

(2) A : これは 何_{なん}ですか。

   B : それは チーズケーキです。

(3) A : それは 何_{なん}ですか。

   B : これは ジュースです。

(4) A : それは 何_{なん}ですか。

   B : これは メロンパンです。

(5) A : あれは 何_{なん}ですか。

   B : あれは コーヒーです。

2

(1) A : だれの 本_{ほん}ですか。

   B1 : イさんの 本_{ほん}です。

   B2 : イさん のです。

(2) A : だれの 靴_{くつ}ですか。

   B1 : 友_{とも}だちの 靴_{くつ}です。

   B2 : 友_{とも}だちのです。

(3) A : だれの 財布_{さいふ}ですか。

   B1 : キムさんの 財布_{さいふ}です。

   B2 : キムさんのです。

(4) A : だれの お茶_{ちゃ}ですか。

   B1 : 部長_{ぶちょう}の お茶_{ちゃ}です。

   B2 : 部長_{ぶちょう}のです。

귀에 쏙쏙

1 🎧12

(1) これは めがねです。

(2) それは だれの 時計_{とけい}ですか。

(3) あれは 先生_{せんせい}の 辞書_{じしょ}です。

2

(1) ③　　(2) ②　　(3) ④　　(4) ①

(1) A : すみません、それは だれの 傘_{かさ}ですか。

   B : これは 私_{わたし}の 傘_{かさ}です。

(2) A : すみません、これは だれの 財布_{さいふ}ですか。

   B : それは ハンさんの 財布_{さいふ}です。

(3) A : すみません、これは イさんのケータイで

     すか。

   B : いいえ、私_{わたし}のケータイじゃ ありません。

     鈴木_{すずき}さんのです。

(4) A : すみません、あれは ハンさんの 本_{ほん}ですか。

   B : いいえ、ハンさんの 本_{ほん}じゃ ありません。

     イさんの 日本語_{にほんご}の 本_{ほん}です。

3

9時から4時までです。 9시부터 4시까지입니다.

입에 착착

1 🎧14

(1) A : 今何時ですか。

　　 B : 5時です。

(2) A : 今何時ですか。

　　 B : 6時5分です。

(3) A : 今何時ですか。

　　 B : 4時30分です。

(4) A : 今何時ですか。

　　 B : 7時です。

(5) A : 今何時ですか。

　　 B : 10時20分です。

2

(1) A : デパートは 何時から 何時までですか。

　　 B : 午前11時から 午後8時30分までです。

(2) A : 本屋は 何時から 何時までですか。

　　 B : 午前10時から 午後9時30分までです。

(3) A : ジムは 何時から 何時までですか。

　　 B : 午前6時から 午後11時までです。

(4) A : 郵便局は 何時から 何時までですか。

　　 B : 午前9時から 午後5時までです。

귀에 쏙쏙

1 🎧15

(1) A : イさんの ケータイ番号は 何番ですか。

　　 B : 010-1243-8769です。

(2) A : 日本語の先生の ケータイ番号は 何番で

　　 すか。

　　 B : 090-5980-3327です。

(3) A : すし屋の 番号は 何番ですか。

　　 B : 02-384-1620です。

2

(1) A : 会議は 何時から 何時までですか。

　　 B : 朝10時から 10時半までです。

(2) A : ミュージカルは 何時から 何時までですか。

　　 B : 夜7時から 9時までです。

(3) A : 映画は 何時から 何時までですか。

　　 B : 1時40分から 3時までです。

(4) A : パン屋は 何時から 何時までですか。

　　 B : 午前8時から 午後11時までです。

4

そのパンはいくらですか。

그 빵은 얼마입니까?

입에 착착

1 🎧17

(1) A : このサラダは いくらですか。
B : ろっぴゃく円です。

(2) A : そのお好み焼きは いくらですか。
B : はっぴゃくごじゅう円です。

(3) A : あのカレーライスは いくらですか。
B : せんにひゃくさんじゅう円です。

(4) A : 全部で いくらですか。
B : せんよんひゃくななじゅう円です。

(5) A : 全部で いくらですか。
B : にせんひゃく円です。

2

(1) A : いらっしゃいませ。ご注文、どうぞ。
B : チーズケーキ ひとつと アメリカーノ ふ
たつください。

(2) A : いらっしゃいませ。ご注文、どうぞ。
B : クッキー よっつと 紅茶 ふたつください。

(3) A : いらっしゃいませ。ご注文、どうぞ。
B : マカロン いつつと お茶 みっつください。

(4) A : いらっしゃいませ。ご注文、どうぞ。
B : ドーナツ よっつと オレンジジュース
みっつください。

1 🎧18

(1) A : すみません、このドーナツは いくらで
すか。
B : ドーナツは 180円です。

(2) A : すみません、そのチキンカレーは いくら
ですか。
B : チキンカレーは 940円です。

(3) A : すみません、あのアイスコーヒーは いく
らですか。
B : アイスコーヒーは 320円です。

2

(1) ④　　(2) ②　　(3) ①　　(4) ③

(1) A : イさん、私は ポテトフライにしますが、
イさんは 何にしますか。
B : あ、そうですか。
じゃ、私は チキンバーガーにします。

(2) A : 田中さん、私は チキンバーガーセットに
しますが、田中さんは 何にしますか。
B : あ、そうですか。
じゃ、私は エビバーガーにします。

(3) A : ハンさん、私は ミルクシェークにします
が、ハンさんは 何にしますか。
B : あ、そうですか。
じゃ、私は ベーコンレタスバーガーにし
ます。

(4) A：中村さん、私は ハンバーガーセットにし

　　　ますが、中村さんは 何にしますか。

　　B：あ、そうですか。

　　　じゃ、私は チーズバーガーにします。

5

この近くにバス停があります。

이 근처에 버스정류장이 있습니다.

입에 착착

1 🎧20

(1) A：ペンは どこに ありますか。

　　B：いすの下に あります。

(2) A：時計は どこに ありますか。

　　B：ベッドの上に あります。

(3) A：ゴミ箱は どこに ありますか。

　　B：本棚の右に あります。

(4) A：傘は どこに ありますか。

　　B：テレビの左に あります。

(5) A：箱は どこに ありますか。

　　B：机の下に あります。

2

(1) A：カフェは どこですか。

　　B：カフェは 1階に あります。

(2) A：レストランは どこですか。

　　B：レストランは 5階に あります。

(3) A：本屋は どこですか。

　　B：本屋は 2階に あります。

(4) A：駐車場は どこですか。

　　B：駐車場は 地下1階に あります。

(5) A：病院は どこですか。

　　B：病院は 3階に あります。

(6) A：コンビニは どこですか。

　　B：コンビニは 1階に あります。

귀에 쏙쏙

1 🎧21

(1) パソコンは 机の上に あります。

(2) ソファーは 本棚の右に あります。

(3) ケータイは いすの下に あります。

2

(1) ① ×　② ○　③ ×

(2) ① ○　② ×　③ ○

(1) ① テーブルの上に カレンダーが あります。

　　② テーブルの下に ゴミ箱が あります。

　　③ 本の左に 傘が あります。

(2) ① 銀行の右に コンビニが あります。

　　② コンビニの左に 病院が あります。

　　③ レストランの右に 銀行が あります。

6

私は駅の前にいます。
저는 역 앞에 있습니다.

1 🎧23

(1) A : 猫は どこに いますか。

　　B : いすの 後ろに います。

(2) A : 犬は どこに いますか。

　　B : 部屋の 中に います。

(3) A : 犬は どこに いますか。

　　B : 部屋の 外に います。

(4) A : うさぎは どこに いますか。

　　B : 箱の 横に います。

(5) A : 先輩は どこに いますか。

　　B : 先生の 隣に います。

2

(1) A : キムさんは どこに いますか。

　　B : キムさんは 吉田さんの 左に います。

(2) A : マリさんは どこに いますか。

　　B : マリさんは 山村さんの 前に います。

(3) A : 吉田さんは どこに いますか。

　　B : 吉田さんは チェさんの 前に います。

(4) A : 佐藤さんは どこに いますか。

　　B : 佐藤さんは キムさんの 後ろに います。

(5) A : チェさんは どこに いますか。

　　B : チェさんは 山村さんの 左に います。

(6) A : 山村さんは どこに いますか。

　　B : 山村さんは マリさんの 後ろに います。

1 🎧24

(1) 今 どこに いますか。

(2) ハンさんは 車の 中に います。

(3) イさんの 猫は ソファーの 前に います。

2

(1) ✕　　(2) ○　　(3) ○　　(4) ✕

(1) テーブルの 前に うさぎが います。

(2) 箱の 中に うさぎが います。

(3) だれも いません。

(4) 私は 公園の 前に います。

7

ちょっと 高いですね。 조금 비싸군요.

1 🎧26

(1) A : そのかばんは 高いですか。

　　B1 : はい、高いです。

　　B2 : いいえ、高くありません。

(2) A：今日は 忙しいですか。

B1：はい、忙しいです。

B2：いいえ、忙しくありません。

(3) A：この車は 新しいですか。

B1：はい、新しいです。

B2：いいえ、新しくありません。

(4) A：あのケーキは 甘いですか。

B1：はい、甘いです。

B2：いいえ、甘くありません。

(5) A：天気はいいですか。

B1：はい、いいです。

B2：いいえ、よくありません。

2

(1) A：どんな かばんですか。

B：安くて 小さいかばんです。

(2) A：どんな コーヒーですか。

B：熱くて 苦いコーヒーです。

(3) A：どんな ワンピースですか。

B：かわいくて 赤いワンピースです。

(4) A：どんな 人ですか。

B：背が高くて かっこいい人です。

귀에 쏙쏙

1 🎧27

(1) このスパゲッティは おいしくありません。

(2) 先輩は おもしろい人です。

(3) 日本語は 難しくて 漢字が多いです。

2

(1) ④（トッポッキ）　　(2) ①（しゃぶしゃぶ）

(3) ②（ケーキ）　　　(4) ③（コーヒー）

(1) A：これは 何ですか。

B：赤くて 辛いです。

(2) A：これは 何ですか。

B：熱くて おいしいです。

(3) A：これは 何ですか。

B：甘くて 小さいです。

(4) A：これは 何ですか。

B：苦くて 熱いです。

8

どんなタイプが 好きですか。

어떤 타입을 좋아합니까?

입에 착착

1 🎧29

(1) A：日本語は 簡単ですか。

B1：はい、とても 簡単です。

B2：いいえ、あまり 簡単じゃありません。

(2) A：コンビニは 便利ですか。

B1：はい、とても 便利です。

B2：いいえ、あまり 便利じゃありません。

(3) A：旅行は 好きですか。

　　B1：はい、とても 好きです。

　　B2：いいえ、あまり 好きじゃありません。

(4) A：教室は 静かですか。

　　B1：はい、とても 静かです。

　　B2：いいえ、あまり 静かじゃありません。

(5) A：今週は 暇ですか。

　　B1：はい、とても 暇です。

　　B2：いいえ、あまり 暇じゃありません。

2

(1) A：どんな 人が 好きですか。

　　B1：親切な人が 好きです。

(2) A：どんな 人が 好きですか。

　　B1：穏やかな人が 好きです。

(3) A：どんな 人が 好きですか。

　　B2：ハンサムで 立派な人が 好きです。

(4) A：どんな 人が 好きですか。

　　B2：スリムで 優秀な人が 好きです。

귀에 쏙쏙

1 🎧30

(1) 私は 日本語が あまり 上手じゃ ありません。

(2) 彼は 真面目で、親切な学生です。

(3) 新宿は 賑やかな所です。

2

(1) ×　　(2) ○　　(3) ×　　(4) ○

(1) 渡辺さんは ギターが 上手じゃ ありません。

(2) 吉村さんは 日本語が 上手です。

(3) 井上さんは スリムな人です。

(4) 木村さんは 真面目な人です。

9

果物の中で何が一番 好きですか。

과일 중에서 무엇이 제일 맛있습니까?

입에 착착

1 🎧32

(1) A：夏と 冬と どちらが 好きですか。

　　B：(夏より)冬の方が 好きです。

　　/(冬より)夏の方が 好きです。

(2) A：バスと 地下鉄と どちらが 速いですか。

　　B：(バスより)地下鉄の方が 速いです。

　　/(地下鉄より)バスの方が 速いです。

(3) A：土曜日と 日曜日と どちらが 暇ですか。

　　B：(土曜日より)日曜日の方が 暇です。

　　/(日曜日より)土曜日の方が 暇です。

(4) A：サッカーと 野球と どちらが 上手ですか。

　　B：(サッカーより)野球の方が 上手です。

　　/(野球より)サッカーの方が 上手です。

(5) A：日本語と 英語と どちらが 易しいですか。

B：(日本語より) 英語の方が 易しいです。

/(英語より) 日本語の方が 易しいです。

2

(1) A：一週間の中で いつが 一番 忙しいですか。

B：月曜日が 一番 忙しいです。

(2) A：会社の中で 誰が 一番 真面目ですか。

B：山口さんが 一番 真面目です。

(3) A：色の中で 何が 一番 好きですか。

B：ピンクが 一番 好きです。

(4) A：山の中で どこが 一番 高いですか。

B：富士山が 一番 高いです。

1 🎧33

(1) 果物の中で 何が 一番 好きですか。

(2) オレンジと バナナと どちらが 甘いですか。

(3) スーパーより コンビニの方が 近いです。

2

山本：② ゴルフ

小林：③ サッカー

ハン：④ テニス

ハン　山本さんは スポーツの中で 何が 一番 好きですか。

山本　私は ゴルフが 一番 好きです。

　　　ハンさんは。

ハン　私は ゴルフより テニスの方が 好きです。

　　　小林さんは 何が 一番 好きですか。

小林　そうですね。ゴルフも おもしろいですが、

　　　私は スポーツの中で サッカーが 一番 好

　　　きです。

10

何人家族ですか。 가족은 몇 명입니까?

1 🎧35

(1) A：何人家族ですか。

B：4人家族です。

父と 母と 兄が います。

(2) A：何人家族ですか。

B：5人家族です。

祖父と 父と 母と 妹が います。

(3) A：何人家族ですか。

B：3人家族です。

妻と 息子が います。

(4) A：何人家族ですか。

　　B：4人家族です。

　　主人と 娘が 2人 います。

(5) A：何人家族ですか。

　　B：5人家族です。

　　母と 妻と 息子と 娘が います。

2

(1) A1：いちごは いくつ ありますか。

　　B1：いちごは 2つしか ありません。

(2) A1：お金は いくら ありますか。

　　B1：お金は 100円しか ありません。

(3) A2：日本人は 何人 いますか。

　　B2：日本人は 2人しか いません。

(4) A2：子どもは 何人 いますか。

　　B2：子どもは 娘1人しか いません。

귀에 쏙쏙

1 🎧36

(1) 部屋の中に 1人しか いません。

(2) キムさんの 妹は どんな 人ですか。

(3) 田中さんは 何人家族ですか。

2 (3)

チェ　鈴木さんは 何人家族ですか。

鈴木　父と 母と 姉と 妹が います。

11

昨日は忙しかったです。 어제는 바빴습니다.

입에 착착

1 🎧38

(1) 金曜日は 仕事が 多かったです。

(2) 今日のテストは 難しかったです。

(3) 先週は 忙しかったです。

(4) ディズニーランドは ホテルから 近かった です。

(5) デパートのサービスは よかったです。

2

(1) A：このケータイは 高かったですか。

　　B：いいえ、高くなかったです。

　　　　（＝高くありませんでした）

(2) A：面接は 難しかったですか。

　　B：いいえ、難しくなかったです。

　　　　（＝難しくありませんでした）

(3) A：アイスクリームは 甘かったですか。

　　B：いいえ、甘くなかったです。

　　　　（＝甘くありませんでした）

(4) A：温泉旅行は よかったですか。

　　B：いいえ、よくなかったです。

　　　　（＝よくありませんでした）

1 🎧39

(1) 昨日は 暑かったです。

(2) 今日のテストは 難しくなかったです。

　　　　　　　　　　(＝難しくありませんでした)

(3) 週末は 天気が あまり よくなかったです。

　　　　　　　　　　(＝よくありませんでした)

2

(1) ✕　　(2) ○　　(3) ○　　(4) ○

(1) A : チェさんは 有名な人でしたか。

　　 B : いいえ、有名じゃありませんでした。

(2) A : イさんは 真面目な人でしたか。

　　 B : はい、真面目な人でした。

(3) A : 朴さんは ハンサムな人でしたか。

　　 B : いいえ、ハンサムじゃありませんでした。

(4) A : キムさんは 親切な人でしたか。

　　 B : いいえ、親切じゃありませんでした。

12

先週は 暇じゃありませんでした。

지난 주는 한가하지 않았습니다.

입에 착착

1 🎧41

(1) 先月は 暇でした。

(2) 新しい仕事は 大変でした。

(3) 新幹線は 便利でした。

(4) 昨日から 雨でした。

(5) 高校の先生は 親切な人でした。

2

(1) A : テストは 簡単でしたか。

　　 B : いいえ、簡単じゃありませんでした。

　　　　　　　(＝簡単じゃなかったです)

(2) A : あの歌手は 有名でしたか。

　　 B : いいえ、有名じゃありませんでした。

　　　　　　　(＝有名じゃなかったです)

(3) A : イさんは 真面目な人でしたか。

　　 B : いいえ、真面目な人じゃありませんでし

　　 た。　　(＝真面目な人じゃなかったです)

(4) A : あそこは 有名な観光地でしたか。

　　 B : いいえ、有名な観光地じゃありませんで

　　 した。　(＝有名な観光地じゃなかったです)

1 🎧42

(1) 先週は 暇でした。

(2) 納豆は 好きじゃありませんでした。

(3) 昨日はクリスマスでしたけど、休みじゃあ
りませんでした。

2

(1) ×   (2) ○   (3) ○   (4) ×

(1) A:先輩は 真面目でしたか。

B:いいえ、真面目じゃありませんでした。

(2) A:彼は 有名なモデルでしたか。

B:はい、とても 有名なモデルでした。

(3) A:英語の先生は ハンサムでしたか。

B:はい、ハンサムな人でした。

(4) A:木村さんは 親切でしたか。

B:いいえ、あまり 親切じゃありませんで
した。

13

お誕生日はいつですか。

생일은 언제입니까?

1 🎧44

(1) A:今日は 何月何日ですか。

B:4月 3日です。

(2) A:今日は 何月何日ですか。

B:4月 8日です。

(3) A:今日は 何月何日ですか。

B:9月 14日です。

(4) A:今日は 何月何日ですか。

B:9月 19日です。

2

(1) A:2月14日は 何の日ですか。

B:2月14日は バレンタインデーです。

(2) A:3月14日は 何の日ですか。

B:3月14日は ホワイトデーです。

(3) A:5月4日は 何の日ですか。

B:5月4日は みどりの日です。

(4) A:5月5日は 何の日ですか。

B:5月5日は 子どもの日です。

1 🎧45

(1) テストは 月曜日_{げつようび}から 金曜日_{きんようび}までです。

(2) 今週_{こんしゅう}の 土曜日_{どようび}から 夏休_{なつやす}みです。

(3) 私_{わたし}の 誕生日_{たんじょうび}は １０月５日_{じゅうがついつか}です。

2

(1) ○   (2) ×   (3) ×   (4) ○

(1) ４月２９日_{しがつにじゅうくにち}は 昭和_{しょうわ}の日_ひです。

(2) ５月３日_{ごがつみっか}は みどりの日_ひです。

(3) 子_こどもの日_ひは 木曜日_{もくようび}です。

(4) ゴールデンウィークは ４月２９日_{しがつにじゅうくにち}から ５月_{ごがつ}
５日_{いつか}までです。

핵심 정리표

조수사					
~つ ~개	1つ ひとつ	2つ ふたつ	3つ みっつ	4つ よっつ	5つ いつつ
	6つ むっつ	7つ ななつ	8つ やっつ	9つ ここのつ	10 とお
~人 ~명	1人 ひとり	2人 ふたり	3人 さんにん	4人 よにん	5人 ごにん
	6人 ろくにん	7人 しちにん	8人 はちにん	9人 きゅうにん	10人 じゅうにん
~枚 ~장	1枚 いちまい	2枚 にまい	3枚 さんまい	4枚 よんまい	5枚 ごまい
	6枚 ろくまい	7枚 ななまい	8枚 はちまい	9枚 きゅうまい	10枚 じゅうまい
~階 ~층	1階 いっかい	2階 にかい	3階 さんがい	4階 よんかい	5階 ごかい
	6階 ろっかい	7階 ななかい	8階 はちかい	9階 きゅうかい	10階 じゅっかい
~匹 ~마리	1匹 いっぴき	2匹 にひき	3匹 さんびき	4匹 よんひき	5匹 ごひき
	6匹 ろっぴき	7匹 ななひき	8匹 はっぴき	9匹 きゅうひき	10匹 じゅっぴき
~個 ~개	1個 いっこ	2個 にこ	3個 さんこ	4個 よんこ	5個 ごこ
	6個 ろっこ	7個 ななこ	8個 はっこ	9個 きゅうこ	10個 じゅっこ

1台 いちだい	2台 にだい	3台 さんだい	4台 よんだい	5台 ごだい
6台 ろくだい	7台 ななだい	8台 はちだい	9台 きゅうだい	10台 じゅうだい

~台
~대

1冊 いっさつ	2冊 にさつ	3冊 さんさつ	4冊 よんさつ	5冊 ごさつ
6冊 ろくさつ	7冊 ななさつ	8冊 はっさつ	9冊 きゅうさつ	10冊 じゅっさつ

~冊
~권

1杯 いっぱい	2杯 にはい	3杯 さんばい	4杯 よんはい	5杯 ごはい
6杯 ろっぱい	7杯 ななはい	8杯 はっぱい	9杯 きゅうはい	10杯 じゅっぱい

~杯
~잔

1本 いっぽん	2本 にほん	3本 さんぼん	4本 よんほん	5本 ごほん
6本 ろっぽん	7本 ななほん	8本 はっぽん	9本 きゅうほん	10本 じゅっぽん

~本
~병, 자루

1歳 いっさい	2歳 にさい	3歳 さんさい	4歳 よんさい	5歳 ごさい
6歳 ろくさい	7歳 ななさい	8歳 はっさい	9歳 きゅうさい	10歳 じゅっさい

~歳
~살

1回 いっかい	2回 にかい	3回 さんかい	4回 よんかい	5回 ごかい
6回 ろっかい	7回 ななかい	8回 はっかい	9回 きゅうかい	10回 じゅっかい

~回
~회

지시대명사

	こ	そ	あ	ど
사물	これ 이것	それ 그것	あれ 저것	どれ 어느 것
장소	ここ 여기	そこ 거기	あそこ 저기	どこ 어디
방향	こちら (=こっち) 이쪽	そちら (=そっち) 그쪽	あちら (=あっち) 저쪽	どちら (=どっち) 어느 쪽
명사 (사물/사람)	この + 명사 이 + 명사	その + 명사 그 + 명사	あの + 명사 저 + 명사	どの + 명사 어느 + 명사

위치

<table>
<tr><td>うえ
上
위</td><td>した
下
아래</td><td>まえ
前
앞</td><td>うし
後ろ
뒤</td></tr>
<tr><td>ひだり
左
왼쪽</td><td>みぎ
右
오른쪽</td><td>なか
中
안</td><td>そと
外
밖</td></tr>
<tr><td>よこ
横
옆</td><td>となり
隣
옆, 이웃</td><td>そば
근처, 곁</td><td></td></tr>
</table>

숫자

	10	100	1,000	10,000
1	じゅう	ひゃく	せん	いちまん
2	にじゅう	にひゃく	にせん	にまん
3	さんじゅう	さんびゃく	さんぜん	さんまん
4	よんじゅう	よんひゃく	よんせん	よんまん
5	ごじゅう	ごひゃく	ごせん	ごまん
6	ろくじゅう	<u>ろっぴゃく</u>	ろくせん	ろくまん
7	ななじゅう	ななひゃく	ななせん	ななまん
8	はちじゅう	<u>はっぴゃく</u>	<u>はっせん</u>	はちまん
9	きゅうじゅう	きゅうひゃく	きゅうせん	きゅうまん

시간

●시

1時	2時	3時	4時	5時	6時
いちじ	にじ	さんじ	よじ	ごじ	ろくじ
7時	8時	9時	10時	11時	12時
しちじ	はちじ	くじ	じゅうじ	じゅういちじ	じゅうにじ

●분

1分	2分	3分	4分	5分
いっぷん	にふん	さんぷん	よんぷん	ごふん
6分	7分	8分	9分	10分
ろっぷん	ななふん	はっぷん	きゅうふん	じゅ(っ)ぷん
15分	20分	30分	40分	50分
じゅうごふん	にじ(ゅ)っぷん	さんじ(ゅ)っぷん	よんじ(ゅ)っぷん	ごじ(ゅ)っぷん

● 월

1月	2月	3月	4月	5月	6月
いちがつ	にがつ	さんがつ	しがつ	ごがつ	ろくがつ
7月	8月	9月	10月	11月	12月
しちがつ	はちがつ	くがつ	じゅうがつ	じゅういち	じゅうにがつ

● 일

1日	2日	3日	4日	5日
ついたち	ふつか	みっか	よっか	いつか
6日	7日	8日	9日	10日
むいか	なのか	ようか	ここのか	とおか
11日	12日	13日	14日	15日
じゅういちにち	じゅうににち	じゅうさんにち	じゅうよっか	じゅうごにち
16日	17日	18日	19日	20日
じゅうろくにち	じゅうしちにち	じゅうはちにち	じゅうくにち	はつか
21日	22日	23日	24日	25日
にじゅういちにち	にじゅうににち	にじゅうさんにち	にじゅうよっか	にじゅうごにち
26日	27日	28日	29日	30日
にじゅうろくにち	にじゅうしちにち	にじゅうはちにち	にじゅうくにち	さんじゅうにち

● 요일

げつようび 月曜日	かようび 火曜日	すいようび 水曜日	もくようび 木曜日
きんようび 金曜日	どようび 土曜日	にちようび 日曜日	

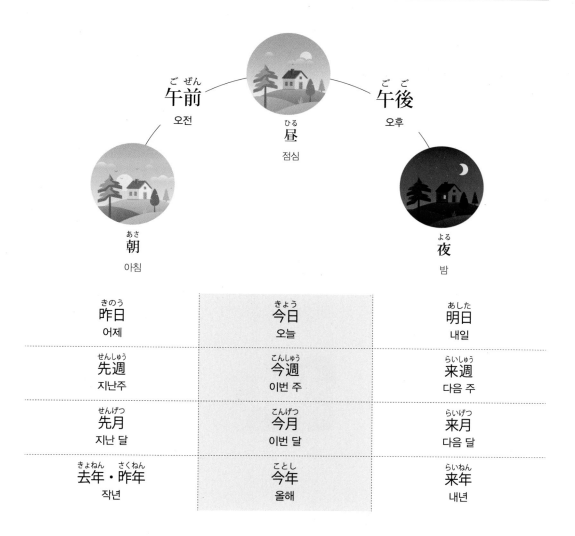

<ruby>昨日<rt>きのう</rt></ruby> 어제	<ruby>今日<rt>きょう</rt></ruby> 오늘	<ruby>明日<rt>あした</rt></ruby> 내일
<ruby>先週<rt>せんしゅう</rt></ruby> 지난주	<ruby>今週<rt>こんしゅう</rt></ruby> 이번 주	<ruby>来週<rt>らいしゅう</rt></ruby> 다음 주
<ruby>先月<rt>せんげつ</rt></ruby> 지난 달	<ruby>今月<rt>こんげつ</rt></ruby> 이번 달	<ruby>来月<rt>らいげつ</rt></ruby> 다음 달
<ruby>去年<rt>きょねん</rt></ruby>・<ruby>昨年<rt>さくねん</rt></ruby> 작년	<ruby>今年<rt>ことし</rt></ruby> 올해	<ruby>来年<rt>らいねん</rt></ruby> 내년

何(なに・なん)	どこ	どれ
무엇	어디	어느 것(3개)
どちら	誰 (だれ)	いつ
어느 쪽(2개)	누구	언제
いくつ	いくら	どのくらい
몇 개	얼마	어느 정도

い형용사 정리

	い형용사의 활용	예	
기본형	～い	おいしい。	맛있다.
정중형	～い + です	おいしいです。	맛있습니다.
부정형	～~~い~~ + くありません	おいしくありません。	맛있지 않습니다.
명사 수식	～い + 명사	おいしいパン	맛있는 빵
연결형	～~~い~~ + くて	おいしくて	맛있고, 맛있어서
과거형	～~~い~~ + かったです	おいしかったです。	맛있었습니다.
과거 부정형	～~~い~~ + くなかったです くありませんでした	おいしくなかったです。 おいしくありませんでした。	맛있지 않았습니다.

	い형용사의 활용	예	
기본형	～い	いい。	좋다.
정중형	～い + です	いいです。	좋습니다.
부정형	～~~い~~ + くありません	いくありません。 (X) よくありません。 (O)	좋지 않습니다.
명사 수식	～い + 명사	いい人	좋은 사람
연결형	～~~い~~ + くて	いくて (X) よくて (O)	좋고, 좋아서
과거형	～~~い~~ + かったです	いかったです。 (X) よかったです。 (O)	좋았습니다.
과거 부정형	～~~い~~ + くなかったです くありませんでした	いくなかったです。 (X) よくなかったです。 (O) よくありませんでした。 (O)	좋지 않았습니다.

💡 いい(좋다)는 활용에 주의!

な형용사 정리

	な형용사의 활용	예	
기본형	～だ	便利だ。	편리하다.
정중형	～だ＋です	便利です。	편리합니다.
부정형	～だ＋じゃありません	便利じゃありません。	편리하지 않습니다.
명사 수식	～だ＋な＋명사	便利な～	편리한 ～
연결형	～だ＋で	便利で～	편리하고, 편리해서
과거형	～だ＋でした	便利でした。	편리했습니다.
과거 부정형	～だ＋じゃありませんでした じゃなかったです	便利じゃありませんでした。	편리하지 않았습니다.

💡 「を(을/를)」로 해석이 되지만, 「が(이/가)」를 써야 하는 な형용사에 주의!

- ・～が 好きだ ～을/를 좋아하다　　↔　・～が きらいだ ～을/를 싫어하다
- ・～が 上手だ ～을/를 잘하다(능숙하다)　↔　・～が 下手だ ～을/를 못하다(서투르다)
- ・～が 得意だ ～을/를 잘하다(특기, 장기)　↔　・～が 苦手だ ～을/를 잘 못 하다(어렵거나 대하기 싫은 것)

오십음도부터 시작하는 **왕초보 첫걸음!**

The 바른 일본어 STEP 1

日本語

/ 워크북 /

■ 저자 | 서유리, 장은화, 박은숙, 김귀자, 김순하

● 일본어 문자와 발음 및 오십음도를 알기 쉽게 설명
● 초급 단계의 필수 문법과 문형 및 다양한 기초 어휘 정리
● 각 과별 핵심 단어와 핵심 표현을 정리한 워크북 제공
● 바로 확인할 수 있는 **QR 코드**와 **MP3** 파일 제공(예비 학습, 회화, 입에 착착, 귀에 쏙쏙)

글로벌 인재를 위한, 제2외국어 교육의 선두주자

워크북   QR 코드 제공   MP3 다운로드   동영상 강의(유료)

New The 바른
일본어 ① STEP

· 워크북 ·

ECK Books

단어 및 표현

はじめまして	처음 뵙겠습니다	こちらこそ	저야말로
中国人 ちゅうごくじん	중국인	日本人 にほんじん	일본인
韓国人 かんこくじん	한국인	～は	～은/는
私 わたし	나	あなた	당신
学生 がくせい	학생	大学生 だいがくせい	대학생
高校生 こうこうせい	고등학생	中学生 ちゅうがくせい	중학생
会社員 かいしゃいん	회사원	先生 せんせい	선생님
彼氏 かれし	남자친구	彼女 かのじょ	그녀, 여자친구
医者 いしゃ	의사	主婦 しゅふ	주부
銀行員 ぎんこういん	은행원	歌手 かしゅ	가수
エンジニア	엔지니어	モデル	모델
イギリス人 じん	영국인	イタリア人 じん	이탈리아인
ドイツ人 じん	독일인	フランス人 じん	프랑스인
ロシア人 じん	러시아인	ベトナム人 じん	베트남인

どうぞよろしくおねがいします。	잘 부탁합니다.
おはようございます。	안녕하세요. (아침 인사)
こんにちは。	안녕하세요. (점심 인사)
こんばんは。	안녕하세요. (저녁 인사)
ありがとうございます。	감사합니다.
すみません。	죄송합니다.
いただきます。	잘 먹겠습니다.
ごちそうさまでした。	잘 먹었습니다.

01 인칭대명사

1인칭	2인칭	3인칭
<ruby>私<rt>わたし</rt></ruby>	あなた	<ruby>彼<rt>かれ</rt></ruby> / <ruby>彼女<rt>かのじょ</rt></ruby>
나	당신	그/그녀, 여자친구

02 〜は 〜です   〜은/는 〜입니다

💡 「は」[ha]는 조사인 '은(는)'의 의미일 경우, [wa]로 발음된다.

03 〜じゃ ありません   〜이/가 아닙니다

04 はい / いいえ   네 / 아니요

05 〜で   〜(이)고, 〜(이어)서

● 자기소개 표현

はじめまして。(이름)です。
よろしくお<ruby>願<rt>ねが</rt></ruby>します。

はじめまして。(이름)です。
こちらこそ、よろしくお<ruby>願<rt>ねが</rt></ruby>します。

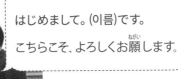

처음 뵙겠습니다. (이름)입니다.

잘 부탁합니다.

처음 뵙겠습니다. (이름)입니다.

저야말로, 잘 부탁합니다.

단어 및 표현

□	何ですか	무엇입니까?	□ ケータイ	휴대폰
□	お久しぶりです	오랜만입니다	□ アプリ	어플
□	韓国	한국	□ ショッピング	쇼핑
□	まぐろ	참치(회)	□ ラーメン	라면
□	日本語	일본어	□ 英語	영어
□	本	책	□ かばん	가방
□	財布	지갑	□ 大学	대학교
□	留学生	유학생	□ デジカメ	디카 ('디지털카메라'의 줄임말)
□	紅茶	홍차	□ ミルク	우유
□	チーズケーキ	치즈케이크	□ ジュース	주스
□	メロンパン	멜론 빵	□ コーヒー	커피
□	だれの	누구의	□ 靴	구두
□	友だち	친구	□ 部長	부장
□	新聞	신문	□ 雑誌	잡지
□	辞書	사전	□ 眼鏡	안경
□	時計	시계	□ 帽子	모자
□	傘	우산	□ 車	차
□	鏡	거울	□ ペン	펜
□	カメラ	카메라	□ パソコン	컴퓨터

01 지시사 (1)

これ	それ	あれ	どれ
이것	그것	저것	어느 것

💡 사물을 가리키는 지시어

말하는 사람에게 가까우면 「これ」, 듣는 사람에게 가까우면 「それ」, 말하는 사람과 듣는 사람 모두에게 떨어져 있으면 「あれ」를 사용한다. 「どれ」는 '어느 것'에 해당한다.

02 ～何^{なん}ですか ～ 무엇입니까?

03 の ～의, ～의 것

(1) 명사 + の + 명사

(2) 명사 + の

04 ～も ～도

落書き

단어 및 표현

□	何時<ruby>なんじ</ruby>	몇 시	□ フロント	프런트
□	東京<ruby>とうきょう</ruby>	동경	□ ホテル	호텔
□	そうですか	그렇습니까?	□ ワインバー	와인 바
□	じゃ	그럼	□ 朝食<ruby>ちょうしょく</ruby>	조식
□	～から ～まで	～부터 ～까지	□ 半<ruby>はん</ruby>	반
□	会議<ruby>かいぎ</ruby>	회의	□ 何分<ruby>なんぷん</ruby>	몇 분
□	夏休み<ruby>なつやす</ruby>	여름휴가, 여름방학	□ いつ	언제
□	銀行<ruby>ぎんこう</ruby>	은행	□ 午前<ruby>ごぜん</ruby>	오전
□	午後<ruby>ごご</ruby>	오후	□ 朝<ruby>あさ</ruby>	아침
□	昼<ruby>ひる</ruby>	점심	□ 夜<ruby>よる</ruby>	밤
□	デパート	백화점	□ 本屋<ruby>ほんや</ruby>	서점
□	ジム	헬스장	□ 郵便局<ruby>ゆうびんきょく</ruby>	우체국

01 숫자

1	2	3	4	5
いち	に	さん	よん・し	ご
6	7	8	9	10
ろく	しち・なな	はち	きゅう・く	じゅう

💡 전화번호를 말할 때 '–(하이픈)'은 「の」로, 숫자 0은 「ゼロ」 또는 「れい」라고 말한다.

02 <ruby>何時<rt>なん じ</rt></ruby>ですか 몇 시입니까?

1時	2時	3時	4時	5時	6時
いちじ	にじ	さんじ	よじ	ごじ	ろくじ
7時	8時	9時	10時	11時	12時
しちじ	はちじ	くじ	じゅうじ	じゅういちじ	じゅうにじ

03 <ruby>何分<rt>なんぷん</rt></ruby>ですか 몇 분입니까?

1分	2分	3分	4分	5分
いっぷん	にふん	さんぷん	よんぷん	ごふん
6分	7分	8分	9分	10分
ろっぷん	ななふん	はっぷん	きゅうふん	じゅ(っ)ぷん
15分	20分	30分	40分	50分
じゅうごふん	にじ(ゅ)っぷん	さんじ(ゅ)っぷん	よんじ(ゅ)っぷん	ごじ(ゅ)っぷん

04 ～から ～まで ～부터 ～까지

05 시간 관련 표현

午前（ごぜん） 오전 ─ 午後（ごご） 오후

朝（あさ） 아침 ── 昼（ひる） 점심 ── 夜（よる） 밤

단어 및 표현

店員（てんいん）	점원	いらっしゃいませ	어서 오세요
あの、すみません	저, 실례합니다	ケーキ	케이크
いくら	얼마	円（えん）	엔
～も	～도	～ずつ	～씩
プリン	푸딩	お願（ねが）いします	부탁합니다
～を	～을/를	～と	～와/과
スカーフ	스카프	ウーロン茶（ちゃ）	우롱차
おにぎり	주먹밥	オレンジジュース	오렌지 주스
飲（の）み物（もの）	음료	お好（この）み焼（や）き	오코노미야키
サラダ	샐러드	全部（ぜんぶ）で	전부 해서
カレーライス	카레라이스	カステラ	카스텔라
注文（ちゅうもん）	주문	クッキー	쿠키
アメリカーノ	아메리카노	マカロン	마카롱
紅茶（こうちゃ）	홍차		
ドーナツ	도넛		

01 지시사 (2)

この+명사	その+명사	あの+명사	どの+명사
이+명사	그+명사	저+명사	어느+명사

💡 명사를 수식하는 지시어

말하는 사람에게 가까우면 「この」, 듣는 사람에게 가까우면 「その」, 말하는 사람과 듣는 사람 모두에게 떨어져 있으면 「あの」를 사용한다. 「どの」는 '어느'에 해당한다.

02 숫자

	10	100	1,000	10,000
1	じゅう	ひゃく	せん	いちまん
2	にじゅう	にひゃく	にせん	にまん
3	さんじゅう	さんびゃく	さんぜん	さんまん
4	よんじゅう	よんひゃく	よんせん	よんまん
5	ごじゅう	ごひゃく	ごせん	ごまん
6	ろくじゅう	ろっぴゃく	ろくせん	ろくまん
7	ななじゅう	ななひゃく	ななせん	ななまん
8	はちじゅう	はっぴゃく	はっせん	はちまん
9	きゅうじゅう	きゅうひゃく	きゅうせん	きゅうまん

03 いくつですか 몇 개 입니까?

1つ	2つ	3つ	4つ	5つ
ひとつ	ふたつ	みっつ	よっつ	いつつ
6つ	7つ	8つ	9つ	10つ
むっつ	ななつ	やっつ	ここのつ	とお

04 ～ください ～주세요

05 ～にします ～로 하겠습니다

単語 및 표현

□	薬屋	약국		□	どこ	어디
□	今日	오늘		□	テーブル	테이블
□	サングラス	선글라스		□	バス停	버스정류장
□	あそこ	저기		□	本屋	서점
□	近く	근처		□	カフェ	카페
□	駅	역		□	病院	병원
□	トイレ	화장실		□	コンビニ	편의점
□	テスト	시험, 테스트		□	会議	회의
□	ベッド	침대		□	タオル	수건
□	花屋	꽃집		□	いす	의자
□	ゴミ箱	쓰레기통		□	本棚	책장
□	傘	우산		□	机	책상
□	美容室	미용실		□	レストラン	레스토랑
□	駐車場	주차장		□	箱	상자
□	地下	지하		□	1階	1층
□	2階	2층		□	3階	3층
□	4階	4층		□	5階	5층

01 　지시사 (3)

ここ	そこ	あそこ	どこ
여기	거기	저기	어디

💡 장소를 나타내는 지시어

말하는 사람에게 가까우면 「ここ」, 듣는 사람에게 가까우면 「そこ」, 말하는 사람과 듣는 사람 모두에게 떨어져 있으면 「あそこ」를 사용한다. 「どこ」는 '어디'에 해당한다.

02 　위치 명사 (1)

うえ 上	した 下	ひだり 左	みぎ 右
위	아래	왼쪽	오른쪽

03 　존재 동사 (1)

	긍정	부정
사물·식물	あります 있습니다	ありません 없습니다

04 　〜に 〜が あります　〜에 〜이/가 있습니다

단어 및 표현

□ 今 (いま)	지금	□ ロビー	로비
□ 先輩 (せんぱい)	선배	□ どちら	어느 쪽(방향)
□ そうです	그렇습니다	□ どこ	어디(장소)
□ すぐ	곧, 바로	□ 行きます (い)	갑니다
□ クリーニング屋 (や)	세탁소	□ だれも	아무도
□ 犬 (いぬ)	강아지, 개	□ 猫 (ねこ)	고양이
□ 教室 (きょうしつ)	교실	□ 部屋 (へや)	방
□ うさぎ	토끼	□ 北口 (きたぐち)	북쪽 출구
□ 南口 (みなみぐち)	남쪽 출구	□ 東口 (ひがしぐち)	동쪽 출구
□ 西口 (にしぐち)	서쪽 출구	□ 薬屋 (くすりや)	약국
□ 公園 (こうえん)	공원	□ 小学校 (しょうがっこう)	초등학교

조사 정리 (1)

①	～は [wa]	～은/는	私は 日本人じゃ ありません。	…1과
②	～で	～(이)고, ～(이어서	イさんは 韓国人で、学生です。	…1과
③	～の	～의, ～의 것	これは 英語の本です。 それは 先生のです。	…2과
④	～も	～도	鈴木さんもですか。	…2과
⑤	～から～まで	～부터 ～까지	何時から 何時までですか。	…3과
⑥	～を	～을/를	このスカーフを ください。	…4과
⑦	～と	～와/과	おにぎりと ラーメン(を) ください。	…4과
⑧	～に	～에	テーブルの上に ケータイが あります。	…5과
⑨	～が	～이/가	いすの前に 犬が います。	…6과

01 지시사 (4)

こちら	そちら	あちら	どちら
이쪽	그쪽	저쪽	어느 쪽

💡 방향을 나타내는 지시어

말하는 사람에게 가까우면 「こちら」, 듣는 사람에게 가까우면 「そちら」, 말하는 사람과 듣는 사람 모두에게 떨어져 있으면 「あちら」를 사용한다. 「どちら」는 '어느 쪽'에 해당한다.

02 위치 명사 (1)

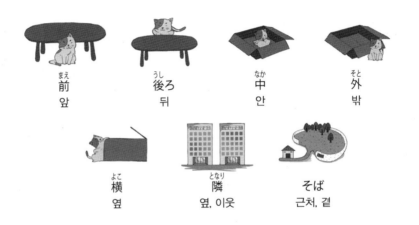

| まえ
前
앞 | うし
後ろ
뒤 | なか
中
안 | そと
外
밖 |

| よこ
横
옆 | となり
隣
옆, 이웃 | そば
근처, 곁 |

03 존재 동사 (2)

	긍정	부정
사람·동물	います 있습니다	いません 없습니다

04 〜に 〜が います　~에 ~이/가 있습니다

단어 및 표현

□	ちょっと	조금	高い	비싸다
□	暑い	덥다	やさしい	상냥하다
□	～ですね	～군요, ～네요	甘い	달다
□	おいしい	맛있다	どんな	어떤
□	いい	좋다	いちご	딸기
□	多い	많다	どうですか	어떻습니까
□	あまり	그다지, 별로	～にします	～로 하겠습니다
□	北海道	홋카이도	沖縄	오키나와
□	難しい	어렵다	毎日	매일
□	忙しい	바쁘다	映画	영화
□	おもしろい	재미있다	辛い	맵다
□	広い	넓다	サービス	서비스
□	天気	날씨	背が高い	키가 크다
□	人	사람	漢字	한자
□	新しい	새롭다	安い	싸다
□	小さい	작다	熱い	뜨겁다
□	苦い	쓰다	ワンピース	원피스
□	かわいい	귀엽다	赤い	빨갛다
□	かっこいい	멋있다		

01 い형용사의 활용

	い형용사의 활용	예	
기본형	～い	おいしい。	맛있다.
정중형	～い + です	おいしいです。	맛있습니다.
부정형	～ⓘ + くありません	おいしくありません。	맛있지 않습니다.
명사 수식	～い + 명사	おいしいパン	맛있는 빵
연결형	～ⓘ + くて	おいしくて	맛있고, 맛있어서

	い형용사의 활용	예	
기본형	～い	いい。	좋다.
정중형	～い＋です	いいです。	좋습니다.
부정형	～ⓘ + くありません	いくありません。(×) よくありません。(○)	좋지 않습니다.
명사 수식	～い + 명사	いい人	좋은 사람
연결형	～ⓘ + くて	いくて (×) よくて (○)	좋고, 좋아서

💡 いい(좋다)는 활용에 주의!

落書き

단어 및 표현

どんな	어떤	タイプ	타입(스타일)
好きだ	좋아하다	簡単だ	간단하다
あのレストラン	저 레스토랑	きれいだ	깨끗하다
親切だ	친절하다	真面目だ	성실하다
誰	누구	彼女	여자친구, 그녀
そうです	그렇습니다	うらやましい	부럽다
スリムだ	슬림 하다, 날씬하다	ハンサムだ	핸섬하다, 잘생겼다
便利だ	편리하다	有名だ	유명하다
明日	내일	暇だ	한가하다
あの店	저 가게	このいす	이 의자
楽だ	편안하다	デジカメ	디카
必要だ	필요하다	歌手	가수
観光地	관광지	モデル	모델
先輩	선배	スマートだ	스마트하다
やさしい	상냥하다	この部屋	이 방
丈夫だ	튼튼하다, 견고하다	穏やかだ	온화하다
立派だ	훌륭하다	優秀だ	우수하다

01 な형용사의 활용

な형용사의 활용		예	
기본형	~だ	便利だ。 べんり	편리하다.
정중형	~⓪ + です	便利です。 べんり	편리합니다.
부정형	~⓪ + じゃありません	便利じゃありません。 べんり	편리하지 않습니다.
명사 수식	~⓪ + な + 명사	便利な~ べんり	편리한 ~
연결형	~⓪ + で	便利で~ べんり	편리하고, 편리해서

💡 「を (을/를)」로 해석이 되지만, 「が (이/가)」를 써야 하는 な형용사에 주의!

- ~が 好きだ ~을/를 좋아하다 ↔ - ~が きらいだ ~을/를 싫어하다

- ~が 上手だ ~을/를 잘하다(능숙하다) ↔ - ~が 下手だ ~을/를 못하다(서투르다)

- ~が 得意だ ~을/를 잘하다(특기, 장기) ↔ - ~が 苦手だ ~을/를 잘 못 하다
  (어렵거나 대하기 싫은 것)

落書き

第9課　果物の中で 何が一番 好きですか。

단어 및 표현

□	果物 (くだもの)	과일	□	一番 (いちばん)	가장, 제일
□	猫 (ねこ)	고양이	□	犬 (いぬ)	개, 강아지
□	かわいい	귀엽다	□	野菜 (やさい)	야채
□	韓国 (かんこく)	한국	□	有名だ (ゆうめい)	유명하다
□	今日 (きょう)	오늘	□	お弁当 (べんとう)	도시락
□	全部 (ぜんぶ)	전부	□	ぶどう	포도
□	最近 (さいきん)	최근	□	かぼちゃ	호박
□	赤 (あか)	빨강	□	青 (あお)	파랑
□	難しい (むずか)	어렵다	□	メロン	멜론
□	日本料理 (にほんりょうり)	일본요리	□	パイナップル	파인애플
□	クラス	반	□	背が高い (せ たか)	키가 크다
□	ソウル	서울	□	季節 (きせつ)	계절
□	お好み焼き (この や)	오코노미야키	□	カンナム	강남
□	春 (はる)	봄	□	夏 (なつ)	여름
□	秋 (あき)	가을	□	冬 (ふゆ)	겨울
□	東京 (とうきょう)	도쿄	□	バス	버스
□	地下鉄 (ちかてつ)	지하철	□	速い (はや)	빠르다
□	サッカー	축구	□	野球 (やきゅう)	야구
□	いちご	딸기	□	一週間 (いっしゅうかん)	일주일
□	色 (いろ)	색	□	ピンク	핑크

01 〜と 〜と どちらが 〜ですか　~와/과 ~중 어느 쪽이 ~입니까?

💡「どちら」는 '어느 쪽', '어느 것'이라는 뜻의 의문사로 비교 대상이 사람, 사물, 장소 등에 상관없이 사용할 수 있다. 회화체로 「どっち」를 사용하기도 한다.

02 (〜より) 〜の方が 〜です　(~보다) ~이/가 더 ~입니다

💡「〜方」는 '~쪽'이라는 뜻이지만, 비교 표현에서는 '~(쪽)이 더', '~가 더'의 의미로 사용된다.

03 〜の中で 何が 一番 〜ですか　~의 중에서 무엇이 가장 ~입니까?

誰	누구
どこ	어디
いつ	언제

04 〜が 一番 〜です　~이/가 가장 ~합니다

落書き

단어 및 표현

01　가족관계

우리 가족

남의 가족

そふ
祖父 할아버지

じい
お祖父さん

そぼ
祖母 할머니

ばあ
お祖母さん

ちち
父 아버지

とう
お父さん

はは
母 어머니

かあ
お母さん

あに
兄 형/오빠

にい
お兄さん

あね
姉 언니/누나

ねえ
お姉さん

わたし
私 나

おとうと
弟 남동생

おとうと
弟さん

いもうと
妹 여동생

いもうと
妹さん

つま かない
妻/家内 아내

おく
奥さん

おっと しゅじん
夫/主人 남편

しゅじん
ご主人

むすこ
息子 아들

むすこ
息子さん

むすめ
娘 딸

むすめ
娘さん

02 조수사(사람)

~人
(~명)

1人	2人	3人	4人	5人
ひとり	ふたり	さんにん	よにん	ごにん
6人	7人	8人	9人	10人
ろくにん	しちにん	はちにん	きゅうにん	じゅうにん

03 ～しか いません / ありません ~밖에 없습니다

〈주요표현〉

- 何人家族ですか。

  가족은 몇 명입니까?

- 3人しか いません。父と 母と 私です。

  3명 밖에 없습니다. 아버지와 어머니 저입니다.

- りんごは 一つしか ありません。

  사과는 한 개 밖에 없습니다.

落書き

第11課 昨日は忙しかったです。

単語 및 표현

□	昨日	어제	□	忙しい	바쁘다
□	英語	영어	□	テスト	시험, 테스트
□	難しい	어렵다	□	週末	주말
□	あまり	그다지, 별로	□	沖縄	오키나와
□	天気	날씨	□	とても	매우
□	最近	최근, 요즘	□	今週	이번 주
□	期間	기간	□	ちょっと	조금
□	面接	면접	□	日本旅行	일본 여행
□	楽しい	즐겁다	□	遠い	멀다
□	おもしろい	재미있다	□	好きだ	좋아하다
□	人	사람	□	多い	많다
□	今日	오늘	□	月末	월말
□	仕事	일	□	ディズニーランド	디즈니랜드
□	デパート	백화점	□	サービス	서비스
□	アイスクリーム	아이스크림	□	甘い	달다
□	このケータイ	이 휴대폰	□	温泉旅行	온천여행

01 い형용사의 과거형

	い형용사의 과거형	예	
보통형	～ⓘ＋かった	おいしかった。	맛있었다.
정중형	～ⓘ＋かったです	おいしかったです。	맛있었습니다.

💡 いい / よい(좋다) 주의!

いかったです（X） <u>よ</u>かったです（○）

02 い형용사 과거 부정형

	い형용사의 과거 부정형	예	
보통형	～ⓘ＋くなかった	おいしくなかった。	맛있지 않았다.
정중형	～ⓘ＋くなかったです くありませんでした	おいしくなかったです。 おいしくありませんでした。	맛있지 않았습니다.

💡 いい / よい(좋다) 주의!

いくなかったです（X） <u>よ</u>くなかったです（○） / <u>よ</u>くありませんでした（○）

03 ～から ～이니까, ～이기 때문에

04 시제 표현

きのう 昨日 어제	きょう 今日 오늘	あした 明日 내일
せんしゅう 先週 지난주	こんしゅう 今週 이번 주	らいしゅう 来週 다음 주
せんげつ 先月 지난 달	こんげつ 今月 이번 달	らいげつ 来月 다음 달
きょねん・さくねん 去年・昨年 작년	ことし 今年 올해	らいねん 来年 내년

단어 및 표현

先週	지난주	暇だ	한가하다
新しい仕事	새로운 일	あまり	그다지, 별로
大変だ	힘들다	クリスマス	크리스마스
休み	휴일, 휴가	期末	기말
どうでしたか	어땠습니까?	中間	중간
大丈夫だ	괜찮다	よかったですね	다행이군요
引っ越し	이사	親切だ	친절하다
セール	세일	彼	그
お金持ち	부자	トマト	토마토
果物	과일	牛肉	소고기
豚肉	돼지고기	好きだ	좋아하다
少し	조금	景色	경치
とても	매우	きれいだ	깨끗하다
新幹線	신칸센	雨	비
高校の先生	고교 선생님	親切な人	친절한 사람
真面目な人	성실한 사람	有名な観光地	유명한 관광지

01 な형용사/명사의 과거형

	な형용사/명사의 과거형	예	
보통형	~だ + だった	便利だった。 学生だった。	편리했다. 학생이었다.
정중형	~だ + でした	便利でした。 学生でした。	편리했습니다. 학생이었습니다.

💡 便利だったです（X） 学生だったです（X）

02 な형용사 과거 부정형

	な형용사의 과거 부정형	예	
보통형	~だ + じゃなかった	便利じゃなかった。 学生じゃなかった。	편리하지 않았다. 학생이 아니었다.
정중형	~だ + じゃありませんでした じゃなかったです	便利じゃありませんでした。 편리하지 않았습니다. 学生じゃありませんでした。 학생이 아니었습니다.	

03 ～けど ～지만, ～다만

💡 「～けど」는 「～が」와 같은 의미이지만, 회화에서 주로 사용한다.

단어 및 표현

□ お誕生日	생일	□ 今週	이번 주
□ いつ	언제	□ 本当	정말
□ 同じだ	같다	□ 出張	출장
□ 夏休み	여름휴가, 여름방학	□ 番組	(방송) 프로그램
□ 展示会	전시회	□ 何の日	무슨 날
□ お正月	정월	□ バレンタインデー	밸런타인데이
□ ホワイトデー	화이트데이	□ みどりの日	녹색의 날
□ 子どもの日	어린이날	□ 昭和の日	쇼와의 날
□ 憲法記念日	헌법기념일		

조사 정리 (2)

①	～で	～에서	果物の中で 何が 一番 好きですか。	…9과
②	～より	～보다	青より 赤の方が 好きです。	…9과
③	～しか	～밖에	お金は これしか ありません。	…10과
④	～に	～에게	私には あなたしか しません。	…10과
⑤	～から	～이니까, ～때문에	日本のドラマは おもしろいから、好きです。 ここは 有名だから、人が 多いです。	…11과
⑥	～けど	～지만, 다만	牛肉は 好きですけど、豚肉は あまり 好きじゃありません。	…12과

01 <ruby>何月<rt>なんがつ</rt></ruby>ですか 몇 월입니까?

<ruby>いちがつ 1月</ruby>	<ruby>さんがつ 3月</ruby>	<ruby>ごがつ 5月</ruby>	<ruby>しちがつ 7月</ruby>	<ruby>くがつ 9月</ruby>	<ruby>じゅういちがつ 11月</ruby>
にがつ 2月	しがつ 4月	ろくがつ 6月	はちがつ 8月	じゅうがつ 10月	じゅうにがつ 12月

02 <ruby>何日<rt>なんにち</rt></ruby> / <ruby>何曜日<rt>なんようび</rt></ruby>ですか 며칠/무슨 요일입니까?

<ruby>日曜日<rt>にちようび</rt></ruby>	<ruby>月曜日<rt>げつようび</rt></ruby>	<ruby>火曜日<rt>かようび</rt></ruby>	<ruby>水曜日<rt>すいようび</rt></ruby>	<ruby>木曜日<rt>もくようび</rt></ruby>	<ruby>金曜日<rt>きんようび</rt></ruby>	<ruby>土曜日<rt>どようび</rt></ruby>
		1 ついたち	2 ふつか	3 みっか	4 よっか	5 いつか
6 むいか	7 なのか	8 ようか	9 ここのか	10 とおか	11 じゅう いちにち	12 じゅう ににち
13 じゅう さんにち	14 じゅう よっか	15 じゅう ごにち	16 じゅう ろくにち	17 じゅう しちにち	18 じゅう はちにち	19 じゅう くにち
20 はつか	21 にじゅう いちにち	22 にじゅう ににち	23 にじゅう さんにち	24 にじゅう よっか	25 にじゅう ごにち	26 にじゅう ろくにち
27 にじゅう しちにち	28 にじゅう はちにち	29 にじゅう くにち	30 さんじゅう にち	31 さんじゅう いちにち		

New The 바른 일본어 ① STEP | 똑똑하게 시작하는
일본어 입문 학습서

일본어 문자와 발음부터 기초 문법까지,
한 권으로 똑똑하게 초보딱지 떼자!

▪ 이 책의 구성

- **예비 학습**   일본어의 히라가나와 가타카나를 소개하고 다양한 단어를 활용하여 일본어
  발음을 알아봅니다.
- **회화**   다양한 주제별 대화문을 통해 기초 생활 표현 및 핵심 표현을 학습합니다.
- **이것만은 꼭꼭**   초급 단계에서 알아야 할 기초 문법과 문형을 간결한 설명과 다양한 예문으로
  알아봅니다.
- **입에 착착, 귀에 쏙쏙**   핵심 표현을 자유롭게 말하는 연습과 청취력 향상을 위한 문제를 제공합니다.
- **문화/어휘 톡톡**   일본 문화와 회화에서 바로 활용할 수 있는 단어 등을 알아봅니다.
- **워크북**   각 과별 '핵심 단어와 표현', '이것만은 꼭꼭'의 주요 문형과 문법을 간편하게
  학습할 수 있는 포켓용 워크북을 제공합니다.
- **가나 쓰기 연습**   가나 쓰기 연습(PDF)을 무료로 다운로드 받을 수 있습니다.

▪ MP3 무료 다운로드

- 본 교재의 **MP3** 파일은 www.eckbooks.kr에서 무료로 다운로드 받을 수 있습니다.

※본 교재의 동영상 강의는 **www.eckonline.kr**에서 수강 가능합니다.